研究倫理の確立を目指して
―― 国際動向と日本の課題 ――

東北大学高度教養教育・学生支援機構

東北大学出版会

Promoting the Research Integrity in
Cross-national Trends and Challenges
Institute for Excellence in Higher Education, Tohoku University
Tohoku University Press,Sendai
ISBN978-4-86163-259-4

はじめに

羽田　貴史 (東北大学)

1. 研究倫理問題の背景

　本書は、文部省科学研究費補助金（基盤研究 B、2011-2013 年度）によ
る共同研究「知識基盤社会におけるアカデミック・インテグリティ保証に
関する国際比較研究」の研究成果に基づくものである。1980 年代から研
究不正は科学者の世界を超えた重要な課題となり、アメリカ研究公正局
（Office of Research Integrity）に見られるように、政府・議会も関与する全
国的なシステムも形成された。さらに、国際共同研究の広がりは、国境
を超えた研究倫理の規範化を促進している。研究における倫理の問題
は、古くから重要な課題であったが、現代では、防止や摘発などの消極
策に止まらず、利益相反など複雑な状況下で主体的に行動する研究者の
誠実性（Research Integrity）が重要になっている。

　そもそも研究不正が発生する理由は何だろうか。Broad & Wade（1982
= 2006）の先駆的な研究は、「欺瞞と科学の構造」の章において、「立身
出世主義を助長し報奨を与える組織の体質が、全体的に見て欺瞞の誘因
になっている」（p.308）と述べている。また、Lock, Wells &Farthing（2003
= 2007）は、普遍的な道徳的逸脱及び競争的な研究世界に特別な動機、
すなわち業績の効率的な積み上げをあげる（p.7）。研究不正は、研究世
界において病理現象として出現するのではなく、リスクとして内在する
ものといえるが、それにしても動機を発現させる環境要因も相まっての
ものと見なければならない。

　現代社会は、知識・情報・技術が政治・経済・文化などの活動の基盤
として飛躍的に重要性を増す「知識基盤社会」へ急速に移行している。
知識基盤社会で重要な役割を果たすのは大学・研究所などの研究セク

ターであり、世界的に科学技術研究への投資と産業の連携が強化されて
きた。こうした科学研究の拡大により、研究者が科学者共同体内部の関
心に沿って研究を行い、評価を求める《好奇心駆動型》の研究活動より
も、外部から委託された研究を遂行する《使命達成型》の研究活動を優
位に置くようになってきた（村上 1999）。その意味するところは、外部の
資金提供者の求める研究成果への責任（応答責任＝アカウンタビリ
ティ）の拡大である。ハーバード大学の学長を長く務めた Bok（2003 ＝
2004）は、オリビエリ事件を例に、科学研究の商業化が進む結果、企業
に不利な研究成果への圧力が強まり、大学の研究に不正が引き起こされ
る危険性を指摘している（pp.76-80）。特に、科学研究の成果を産業と商
品化に結びつけるために、アメリカでは 1980 年にプロパテント政策が推
進され、技術のみならず基礎研究の成果や研究ツールさえも特許化され
るようになり、大学の研究も特許侵害の対象となった（Krimsky 2003 ＝
2006）。このため、特許取得まで研究成果を公表しない秘匿主義が広がっ
ている。秘匿主義は、科学者の相互批判と検証を弱め、不正の温床にな
りうる。

2. 研究者の行動規範の変化

こうした状況で研究者の行動規範も変容している。よく知られるよう
に、Merton（1942）は、科学の規範として CUDOS（Communalism 公有
性、Universalism 普遍性、Disinterestedness 無私性、Organized Skepticism 懐
疑主義）を提示した。これに代わり、Ziman（1994）は、CUDOS に対置
して、現代の科学者の行動規範は、PLACE（Proprietary 所有的、Local 局
所的、Authoritarian 権威主義的、Commissioned 請負的、Expert work 専門
的）に変容したと指摘している[1]。ただし、規範には、「あるべき規範」
（Sollen としての規範）と「存在する規範」（Sein としての規範）とがあ
り、双方が一致するとも限らない。研究室で行われた研究成果は主任教
授にすべて帰属するという暗黙の規律のある組織では、その規律に従う
ことが規範であり、国際的なオーサーシップ・ルールという規範を主張す

れば、反規範となる（本書第8章の注8参照）。共同研究グループの研究成果に代表者のオーサーシップを認めることが、「規範」となっている場合もある。そのことでスター研究者を作り出し、研究資金を獲得する有利な条件となり、研究グループ全体の「幸福」につながるからである。存在する規範すべてが望ましい規範ではなく、CUDOS が PLACE に置き換わることが望ましい訳ではない[2]。

3. 研究倫理の確立条件

　研究倫理の確立には、教員の行動規範確立が不可欠だが、それを支える制度抜きには実現できない。また、旧来の研究者集団の自治や、同僚性自治を基本とする大学自治も十分な役割を果たすことができない。研究活動は利益相反が示すように複雑化し多元的な価値葛藤の中に置かれ、研究者の自由に委ねられるだけでは、人類社会への貢献など巨視的な役割を果たすことはできなくなったのである。日本学術会議学術と社会常置委員会『現代社会における学問の自由』（2005）は、現代における学問の自由と大学自治を「負託自治」と見る提言を行っている。

　すなわち、専門家自治、行政的統制、さらには市民的統制も含めた学問的誠実性保証の構築が求められているのである。

　しかし、日本においてはこの種の制度化は遅れている。多くは会計規律の観点から、研究費不正使用という病理現象への対応に傾斜しており、積極的な研究倫理を構築する国レベルの取り組みは弱い。研究倫理や研究不正を対象にした実証研究も著しく遅れており、知識基盤社会に対応した規範構築に向けての研究が求められているのである。

4. アカデミック・インテグリティ研究の取り組み

　以上のような問題を視野に入れ、筆者たち（羽田貴史、杉本和弘、佐藤万知、立石慎治、宮田由紀夫、五島敦子、田中正弘、藤井基貴）は、研究グループを編成し、「知識基盤社会におけるアカデミック・インテグリティ保証に関する国際比較研究」を行った。

宮田由紀夫は、アメリカにおける産学連携及びプロパテント政策研究の第1人者であり（『プロパテント政策と大学』2007、『アメリカにおける大学の地域貢献』2009）、研究倫理問題にも通暁している。氏は、所収論文のほかに、『アメリカの産学連携と学問的誠実性』（玉川大学出版部、2013）を著している。

　同じくアメリカを対象にした五島敦子は、産学連携を含むアメリカ大学の社会連携活動について歴史的形成過程を対象に優れた業績を発表し、日本の産学官連携にも造詣が深い（『アメリカの大学開放——ウィスコンシン大学拡張部の生成と展開——』2008、『未来をつくる教育 ESD——持続可能な多文化社会をめざして——』2010）。本書では、ウィスコンシン大学を事例に技術移転機関の倫理問題を扱った。

　杉本和弘は、オセアニアの高等教育研究の専門家であり（『戦後オーストラリアの高等教育改革研究』2003）、本書では、オーストラリア・ノートルダム大学研究推進室長マーク・フェルマン博士によるオーストラリアの研究倫理の取り組みに関する講演（2013年10月8日、教育関係共同利用拠点プログラム「オーストラリアにおける研究倫理政策と実践—今後の展望を探る」）の翻訳・解説を寄稿した。

　田中正弘は、イギリス高等教育の専門家であり、イギリスの大学団体研究（「イギリスにおける大学・専門職団体——Universities UK を中心に——」『高等教育の市場化における大学団体の役割と課題』科研報告書、2008）の視点から学問的誠実性に取り組み、貴重なケース・スタディを執筆した。

　ドイツについては、金子勉（当時京都大学教育学研究科准教授）が参加し、「大学ガバナンスの主体の構成原理——ドイツ・モデルの現在——」『日本教育行政学会年報』34（2008）など19世紀から現代に至るドイツ大学自治論の形成に関する研究蓄積を活かして、機関レベルの専門家自治による学問的誠実性の保証原理に取り組もうとしたが、まことに残念なことに、研究が発足して間もない2011年9月に急逝された。代わって、藤井基貴がメンバーに加わり、ドイツ研究振興協会の取り組みについて

の動向を明らかにすることができた。

　立石愼治は、大学、研究科、専攻、日本学術会議連携会員、日本学術会議協力学会への質問紙調査の中心メンバーとしてデータ分析に当たり、その結果を第8章に羽田と共同執筆した。

　研究メンバー以外にも、研究グループは、浅島誠氏（日本学術振興会理事）、北川文美氏（イギリス・ブリストル大学教育学研究科研究員）、叶林氏（杭州師範大学副教授）、上山隆大氏（慶応義塾大学総合政策学部教授）、Bruce Macfarlane（Associate Professor, The University of Hongkong）、Roger Geiger（The Pennsylvania State University）を招聘した研究会を開催し、叶氏には中国の事例報告を寄稿していただいた。これらの成果は、『「知識基盤社会におけるアカデミック・インテグリティ保証に関する国際比較研究」報告書』として2013年6月に刊行したが、より広く世に問うために、報告書所収の原稿に加筆修正を加え、今回、東北大学出版会の好意で出版するものである。

　研究倫理については、大学院教育における研究倫理教育、研究指導のあり方、研究不正への対応など実践面も含めた多くの課題があり、高等教育研究における未開拓な分野の一つといってもよい。この間、日本の科学界では、重大かつ深刻な研究倫理問題が続発した。問題は構造的であり、3年間の研究期間で得られた知見は、まだ十分に社会に発信していない。今後とも研究成果を持続的に発信していくきっかけとして、本書を編集した。ご批判・ご叱正いただければ幸いである。

【参考文献】

・Bok Derek, 2003, *Universities in the Marketplace : The Commercialization of Higher Education*, Princeton University Press.（= 2004、宮田由紀夫訳『商業化する大学』玉川大学出版部）.

・Broad, William & Nicholas Wade,1982, *Betrayers of the Truth Fraud and Deceit in the Hall of Science,* Simon and Schuster.（= 2006、牧野賢治『背信の科学者たち　論文捏造、データ改ざんはなぜ繰り返されるのか』講談社ブルーバックス）.

・Krimsky, Sheldon, 2003, *Science in the Private Interest : Has the Lure of Profits Corrupted Biomedical Research?* , The Rowman & Littlefiel Publishers, Inc.（＝ 2006、宮田由紀夫訳『産学連携と科学の堕落』海鳴社）.

・Lock, Stephan Frank Wells & Michael Farthing, 2003, *Fraud and Misconduct in Biomedical Research*, 3rd, the Royal Society of Medicine Press Ltd.（＝ 2007、内藤周幸監訳『生物医学研究における欺瞞と不正行為』薬事日報社）.

・Merton, Robert King, 1942, "Science and Technology in a democratic order." in *Journal of Legal and Political Science*, No.1.

・Taubes, Gary, 1993, *Bad science : The short life and weird times of cold fusion*, Random House.（＝ 1993、渡辺正訳『常温核融合スキャンダル　迷走科学の顛末』朝日新聞社）.

・Ziman, 1994, *Prometjeus Bound:Science in a dynamic "steady state"*, Cambridge University Press.（＝ 1995、村上陽一郎ほか訳『縛られたプロメテウス――動的定常状態における科学』シュプリンガー・フェアラーク東京）.

・三宅苞、2004、「J. ザイマンのアカデミック科学モデル」『社会技術研究論文集』Vol.2.

・村上陽一郎、1999、『ICU 選書　科学・技術と社会　文・理を越える新しい科学・技術論』光村教育図書.

【注】

1）なお、Ziman（1994 ＝ 1995）は、Originality（独創性）を加えて CUDOS としている.

2）Ziman の指摘は、科学者の現実の行動規範の変化がもたらす弊害を問題にし、改めて CUDOS の重要性を指摘しているのである、この点を誤解してはならない. この点は、Ziman（1994 ＝ 1995）、三宅（2004 : 24）参照.

［目　次］

はじめに　　　　　　　　　　　　　　　　　　羽田　貴史　　i

第1章　研究倫理に関する世界の動向と日本の課題　羽田　貴史　　1

第2章　アメリカにおける不正行為への取り組み　宮田由紀夫　39

第3章　アメリカにおける技術移転機関の倫理　　五島　敦子　59

第4章　英国における研究データの公開と学問的誠実性
　　　　──イースト・アングリア大学気候研究部門のメール流出事件──
　　　　　　　　　　　　　　　　　　　　　　田中　正弘　81

第5章　ドイツにおける研究公正システムの構築
　　　　──ドイツ研究振興協会（DFG）と研究不正行為──　藤井　基貴　95

第6章　中国における学問的誠実性の取り組み　　叶　　林　121

第7章　オーストラリアにおける研究倫理の保証
　　　　──今後の方向性を探る──　　　　　マーク・フェルマン　139

　　＜解説＞オーストラリアにおける研究倫理をめぐる取り組み動向
　　　　──フェルマン論稿に寄せて──　　　　杉本　和弘　149

第8章　全国調査から見る日本の学問的誠実性
　　　　　　　　　　　　　　　　　羽田　貴史・立石　慎治　153

vii

おわりに　　　　　　　　　　　　　　　　　　　　　　羽田　貴史　177

執筆者一覧　　　　　　　　　　　　　　　　　　　　　　　　　　189

第1章　研究倫理に関する世界の動向と日本の課題

羽田　貴史（東北大学）

1.　問題の所在と報告の課題

　現代の科学において、もっとも重要な課題は、研究不正を防止し、人類社会の福祉と知の創造に寄与する責任ある研究活動を行うことである。このことは、単に研究不正をしないことを意味するものではない。科学技術は、現代社会において、産業・生活・健康に巨大な影響を及ぼし、人間社会のどの領域も、科学研究の存在なくして維持できない。同時に、ベック（Beck 1986 = 1998）が先駆的に論じ、松本三和夫が「構造災」と名付けたように、科学技術そのものが、人類社会はもちろん、地球環境や生態系に深刻な影響をもたらし、危機の源泉となっている。このことは、東日本大震災を契機とした科学者の責任がクローズアップされる中で、日本学術会議が「科学者の行動規範」を改訂し（2013年1月）、科学研究の両義性、社会の中の科学のあり方、科学者の責任を強調したことにも表れている。しかし、科学者は、自立し自律的に研究活動を行う専門家と理念的には措定されるが、現実には大学や研究機関その他に雇用され、資金提供者を含めた外部への応答責任が求められる存在である。責任ある研究の推進は、研究者個人の職能的責任、雇用した機関の責任、そして科学技術行政と政治の責任として構造化されなければならない。

　構造化されるべき責任の中で、現在急がれるべきは、責任ある研究遂行のために研究不正行為（Misconduct of research）の防止と対応、学生の学習と教育における剽窃・盗用などの不正行為防止と対応などを通じ、大学の生み出す知的価値を守ることである。第8章が示すように、日本においては有力研究大学において研究不正が相次ぐにもかかわらず、世界

的に取り組まれている研究における誠実性（Integrity of research）[1]確立の取り組みが、大きく立ち遅れているからである。本章では、研究不正防止の問題を中心とし、各国の動向、日本の現状と課題を明らかにする[2]。

なお、「研究における誠実性（Integrity of research）」の用語と概念は、注1に述べたようにさらに検討すべき課題であるが、『科学・技術・倫理百科事典』の定義を参照基準として紹介しておく。

Integrity（ラテン語の integritas に由来し、全体や完全を意味している）とは、倫理においては、規範や常に高い行動基準を堅持することを指している。それゆえ、リサーチ・インテグリティとは何らかの不適切な影響のもとで逸脱が生じることなく、活動についての正しい情報を与えて導くための基準に合うように、研究を行うことを指している。この意味でのインテグリティは、正当性や説明責任と密接なつながりをもっている。リサーチ・インテグリティは、研究の不正行為の裏表として考えられることも多い。研究における不正行為の話題が、研究を進める中で科学者によってなされた悪い行為の定義や識別、判断、因果関係に集中している一方で、リサーチ・インテグリティは、……研究についての「責任ある行動を促す環境を創造する」ことに集中している。（Mitcham 2005 ＝ 2012）

2. 研究不正行為と各国で対応の概略

科学における不正行為は、その歴史と同様に古いが、研究不正行為を初めて定義したのは、Charles Babbage（Babbage 1830）であり、データのトリミング及びクッキング、捏造を不正行為として定義したといわれる（Mitcham 2006：342）。職業集団としての科学者が登場し、Scientist という言葉が使われるようになったのも同時期であり、職業的科学者の出現と同時に、研究不正の定義も行われたといえる。

米国：研究不正が広く米国で社会的問題になったのは、1980年代であり、若きアルバート・ゴア・ジュニアが調査小委員会議長を務める米国下院科学技術委員会の活動は、科学者の自律性では解決できないことを明

らかにした（Broad & Wade 1982 = 2006）。議会が、研究資金配分機関に不正行為への対応策を求めたことで、米国国立衛生研究所（NIH）や米国科学財団（NSF）が、不正告発のルール化を行った。NIH は、データや結果の捏造（Fabrication）、データや結果を変造もしくは削除したり、研究資料、手順、実験機器を偽って報告したりする偽造（Falsification）、引用せずに他人のアイデア、手順、成果や文章を使う盗用（Plagiarism）を研究不正と定義し（1986、いわゆる FFP）、今日でも米国の研究不正概念の中核に据えられている（Code of Federal Regulations, Part 689-Research Mis-conduct 資料 1 ）。その後、公衆衛生庁（PHS）が科学公正局と科学公正審査局を設置し（1989）、両機関は 1992 年に統合されて、研究公正局（ORI）となり、不正行為調査や告発への対応体制が整備された。

　ただし、このプロセスで、研究不正の概念をめぐる論争があった。1989 年、保健衛生省は、「申請、研究発表、研究活動において、科学界において共通に受け入れられていることからの深刻な逸脱行為」もミスコンダクトと定義し、1991 年に全米科学財団（NSF）は FFP に加え、逸脱行為もミスコンダクトに加えた。一方、全米科学アカデミー（National Academy of Sciences：NAS）は、1992 年に、『責任ある科学』第 1 巻（研究手順の公平性の確保）を公表し、不正行為として、FFP に限定した定義を行い、「その他の逸脱行為」を研究不正の定義から外すことを主張した（中村 2011；31-46）。この結果、2002 年に NSF、2005 年に公衆衛生局（PHS）は研究不正を FFP に限定する修正を行った。しかし、後述するように、国際的にはこの定義自体が大きく見直されつつある。

　研究不正行為の背景には、競争的環境の拡大と研究業績に対するプレッシャー、産学連携の強化と特許競争がもたらす先取り競争などが挙げられる（日本学術会議学術と社会常置委員会 2005、宮田 2013）。その典型は、20 世紀最大の研究スキャンダルである常温核融合事件（Taubes 1993 = 1993）である。置かれている環境は、各国も同様であり、1990 年代から 2000 年代にかけ、研究不正の防止策と研究倫理確立の取り組みが進んだ[3]。

ドイツ：ドイツ研究協会（DFG）による 1998 年 1 月提言を受け、ドイツ大学協会（HRK）が研究不正告発のガイドラインを制定し、機関単位での規程整備が促進された。また、ドイツにおいては、2011 年に国防大臣グッテンベルクが 2007 年の博士論文盗用で、2013 年に教育大臣シャヴァーンが 1980 年の博士論文盗用で、それぞれ職を辞した[4]。こうした状況に対応して DFG は 2013 年に 98 年提言を部分改訂した「補遺」を発表している（第 5 章参照）。

フランス：国立保健医学研究所（INSERM）が 1999 年 1 月に研究誠実性の検討組織（SID）を設置、ガイドラインを制定。また、国立科学研究センター（CNRS）が 2006 年 4 月に研究倫理委員会（COMETS）を設置し、CNRS の研究不正処理手続を明確化した。

中国：中国科学院が 1997 年 10 月に科学倫理建設委員会設置、2001 年に科学倫理準則を制定し、2003 年には科学技術部・教育省・中国科学院・中国工程院・国家自然科学基金委員会共同による「科学技術の評価業務の改善に関する決定」が行われるなど、制度整備が進行している（第 6 章参照）。

3. グローバルな研究倫理構築の取り組み

（1）学術雑誌編集団体の取り組み

科学研究が国境をまたぐ以上、研究倫理の問題も一国のシステムに止まらない。一国レベルを超えた試みで先行したのは、国際学術雑誌の編集団体である。国際医学雑誌編集者委員会（International Committee of Medical Journal Editors, ICMJE）は、1978 年以来投稿統一規程を定め、改訂を加えてきた（the Recommendations for the Conduct, Reporting, Editing, and Publication of Scholarly work in Medical Journals, 2013 年に名称変更）。同規定は、著者の定義として、①研究の着想と計画に最初から参加していること、または、データ収集と解釈に責任を果たすこと、②原稿の執筆や内容改訂に参加すること、③出版の最終原稿に同意することを定め（2010 年版）、不適切なオーサーシップを排除し、査読の倫理、多重出

第1章　研究倫理に関する世界の動向と日本の課題

版・投稿についても問題を規定するなど、発表・出版に関する国際的な
ルールである[5]。日本の医学系を中心とする投稿規程にも大きな影響を
与えている。

　世界医学雑誌編集者協会（World Association of Medical Editors, WAME）
は、1955年に創設された医学雑誌の編集者による非営利団体であり、92
か国980誌以上の編集者が参加し[6]、編集者・査読者の責務や倫理を検
討し、共有している。

　1959年のThe Council of Biology Editorsを起源とし、2000年に改組した
科学編集者協議会（Council of Science Editors, CSE）も同様な規程を定め
ている[7]。

　出版倫理委員会（Committee on Publication Ethics, COPE）は、1997年
にイギリスで創設された医学雑誌の編集者によるグループとして出発
し、2014年現在、80カ国から9000人が加盟し、多くの分野をカバーした
コード（準則）や宣言を公表している[8]。日本畜産学会の投稿ガイドラ
インは、COPEを参照しているなど影響もある。

　日本では、2008年8月に、日本医学会112分科会の機関紙編集委員会
から構成される日本医学雑誌編集者会議（JAMJE）が設置された。同会
議は、①医学雑誌と編集者の自由と権利の擁護、②医学雑誌の質の向上
への寄与、③著者と医学雑誌・編集者の倫理規範の策定、④海外の編集
者会議との連携等を目的に掲げ、医学雑誌編集のための共通ガイドライ
ンを検討している[9]。

（2）研究誠実性に関する世界会議
　　（World Conference on Research Integrity）
　研究倫理に関する取り組みは、国際共同研究の拡大などが契機とな
り、世界会議による共同化が推進されてきた。その過程では、日本が大
きな役割を果たした。OECDの地球科学フォーラム（Global Science
Forum, GSF）[10] は、2005年末から2006年1月にかけて、韓国・黄禹錫ソ
ウル大学教授のES細胞研究捏造事件を契機に、研究倫理を重視し、2007

5

年2月22日〜23日に東京でOECDと文部科学省の共催による行政官・専門家の最初の会議「科学の誠実性確保と不正行為防止のための専門家会合」が開催された[11]。同会議には、23ヶ国、3国際機関から約70名の行政官、専門家が出席、各国における不正の定義でいわゆるFFPとして共通する部分と、不正行為の周辺にも、様々な「疑わしい研究行為」(QRP, Questionable Research Practice)の存在など、重要な議論を行った。また、この会議に提出された *Best Practices for Ensuring Scientific Integrity and Preventing Misconduct* は、各国のミスコンダクトの定義の違いなど重要な論点を提示した(中村2011)。

この会議の成果を受け、2007年9月16-19日、リスボンで、欧州科学財団(European Science Foundation, ESF)[12] とアメリカ・研究公正局(Office of Research Integrity, ORI)とが主催した「研究誠実性に関する世界会議」(ESF-ORI First World Conference on Research Integrity：Fostering Responsible Research)が開催された。

第1回の世界会議は、欧州、アメリカ、アジア、アフリカなど45国・地域が参加した(Lisbon, Portugal, 16-19 September 2007)。その成果物は、*Final Report to ESF and ORI First World Conference on Research Integrity : Fostering Responsible Research* にまとめられた。同報告書は、次の3つの勧告を行い、持続的な活動を提起した。

> 勧告1　ESFとORIは、あらゆる国で研究におけるミスコンダクトへの対応手続と最善の取り組みのためのガイドラインを発展させる積極的な研究計画を支援することを促進する共通の目的を達成するために、GSF及び他の組織との協同作業を継続すべきである。
> 勧告2　ESFとORIは、先導的な情報資源を提供し援助することで、研究誠実性のためのグローバルな情報センターを発展させ、現在の会議のサイトをより一般的、自立的かつ継続的なサイトに転換するために時間をかけ、コミュニティ・ベース(ウィキペディアのように)で情報入力されて維持できるように、指導力を発揮すべきである。このサイトは、基本的な情報として、次のものを

第1章 研究倫理に関する世界の動向と日本の課題

含む。
・各国の研究行為/ミスコンダクト政策
・各国の研究者育成プログラムの責任ある行為
・全国及び地域会議と他の関連する行動
・全国及び組織的な研究誠実性のコンタクト

勧告3　ESF と ORI は立ち上げのレポートでの一般勧告に基づき、2009 年の後半もしくは 2010 年の初めに、第2回の世界会議の資金集めと計画策定に必要な約 25,000 ユーロを集め、指導力を発揮すべきである。

　以降、第2回（シンガポール、2010 年7月 21-24 日）[13]、第3回（モントリオール、2013 年5月 5-8 日）と世界会議が開催され、各国・国際機関の議論を集約するために開かれてきた。第2回では、シンガポール宣言（Singapore Statement on Research Integrity、資料2）が採択され、第3回ではモントリオール宣言（Montreal Statement on Research Integrity in Cross-Boundary Research Collaborations、資料3）が採択されるなど、各国の多様性を認めつつ、国際的共通性を探る動きも明確になっている。

（3）OECD における国際共同研究への対応
　また、OECD は、国際共同研究の対応が特に難しいため、国際共同研究における不正調査のための調整委員会（The OECD Coordinating Committee for Facilitating International Research Misconduct Investigation）を設置し、第1回（ワシントン、2007 年 12 月 3-4 日）、第2回（パリ、2008 年4月 21-22 日）、第3回（ヴィーン、2008 年9月 11-12 日）を開催し、国際的な協力体制の構築のために基本的な検討を行い、その成果を最終報告と実践的指針として、2009 年4月の地球科学フォーラムで公表している。*Practical Guide on Investigating Misconduct Allegations in International Research* は、OECD の活動紹介冊子（*Global Science Forum Brochure*,

7

2012）でも研究倫理の項目で紹介されており、国際共同研究におけるミスコンダクト調査の枠組みの参照基準としての性格を与えられていると言える。

（4）国際的な取り組み――世界研究評議会（Global Research Council）

OECD の枠組みとは別な世界レベルの動きは、世界研究評議会（GRC）である。GRC は 2012 年 5 月、NSF がホストとなり、ワシントンで業績評価についての世界サミットを開催し、同時に発足した。運営委員会議長がドイツ DFG 会長のほか、副議長が中国科学院院長、カナダ科学技術審議会副会長、日本学術振興会理事長など 8 人で構成され、研究資金機関の国際団体としての性格を持つ。

同評議会は、発展途上国を含めた共同研究を推進するもので、恒久的でバーチャルな組織である。その目的は、①資金団体間の協力と対話の改善、②高度な連携のベスト・プラクティスとデータの共有、③研究審議会代表者の定期的会合の推進、④教育と研究の支援に関する共通する関心時の検討、⑤世界的な研究の展望の構築に向けての情報、⑥世界的な研究コミュニティの研究組織の支援メカニズムの開発である。

GRC は、アフリカ、アメリカ、アジア - 太平洋、欧州、中東/北アフリカの 5 地域単位で活動を行っている。2011 年 9 月、ヨーロッパの研究資金機関と研究評価機関の協会として、Science Europe が、DFG, the German Research Foundation, Economic and Social Research Council〔UK〕, Estonian Research Council, Research Foundation Flanders〔ベルギー西部・オランダ南西部・フランス北部を含む北海沿岸地域〕, the Slovenian Research, the Swiss National Science Foundation の 7 機関を創設メンバーとして発足し、現在 27 カ国 52 の資金機関・評価機関で構成されている。

アジア・太平洋地域では、2012 年 12 月 5-7 日に仙台で地域会議が開催された。

2013 年 5 月 27-29 日、ベルリンで 70 の組織代表が集まり、DFG 及びブラジル科学技術開発審議会の共催で GRC の 2013 会合が開かれ、オープ

ンアクセスと研究誠実性についての議論と宣言採択を行った。その宣言
（Statement of Principles for Research Integrity　資料 4）は、ミスコンダクト
の定義を FFP に限定せず、また、研究資金機関の責任として、研究にお
ける誠実性を組み込むことを明確にした。

（5）ヨーロッパにおける取り組み――欧州科学財団
　　（European Science Foundation）
　ヨーロッパは、国を超えた共通の誠実性確保の取り組みがもっとも進
んでいる地域であり、その中心は、欧州科学財団（ESF）である。2000
年 12 月に欧州科学財団は、Science Policy Briefing を公表し、各国の研究不
正対応策をレビューし、世界的な最上の実践に基づく責任ある行為を期
待するとした。
　第 1 回研究誠実性に関する世界会議後、財団は、2008 年 4 月に *Survey Report Stewards of Integrity Institutional Approaches to Promote and Safeguard Good Research Practice in Europe* を公表し、「研究誠実性に関する欧州科学
財団によるフォーラム」（ESF Member Organization Forum on Research In-tegrity）を設置して、研究の誠実性のガイドラインと行動規範をいかに実
施し、良い事例を明確にするケーススタディを提示すること、研究誠実
性を促進する上での、国際連携を促進するための取り組みを紹介するこ
と、ヨーロッパにおける研究誠実性を調整する枠組みと必要な活動と資
源について議論するために取り組みを始めた。
　研究誠実性に関するワークショップは、第 1 回（2008 年 11 月 17-18
日、マドリード）、第 2 回（2009 年 10 月 27 日、ストラスバーグ）、第 3 回
（2010 年 3 月 22 日、スプリト）、第 4 回（2011 年 11 月 11 日、ローマ）と
開催され、ガイドラインと行動規範の実施などの議論などを重ねた。そ
の成果は、*Fostering Research Integrity in Europe* として公刊された。
　特に、これらの活動の成果である「研究誠実性のための欧州行動規
範」（The European Code of Conduct for Research Integrity、2011 年 6 月、
資料 5）は、22 カ国の 31 研究資金機関とヨーロッパ全体の科学機関 53 が

参加して作成され、包括的であり、宣言よりも具体的で、国境を越えた
規範として重要である。

(6) 国際的共同取り組みからの知見

　以上のように、多様な組織・団体が入りまじって研究誠実性に関する
制度が形成されつつあり、規範も新たに形成されている状況といえる。

　第1に、このプロセスを通じて、各国や専門分野における研究不正の
概念の多様性が浮かび上がってきた。いわゆる FFP が各国の定義の中核
にあることは共通だが、それに止まらず不正行為が定義されている。第
2回の世界会議に提出された Fanelli (2012) のレポートが示すように（表
1）、各国の研究不正の定義は多様である[14]。

　第2に、各国の多様性を前提にしながらも、不正の概念やあるべき研
究の姿は、次第に一致する方向に向かっている。「科学の誠実性確保と不
正行為防止のための専門家会合」においては、各国によって不正の定義
や各国の研究文化、不正の取扱いには大きな相違があり、「ハーモナイ
ゼーション」を探ることの重要性と、一つのルールに統一していく
(equalization) という意味ではないことが議論されていた。

　しかし、同じ年に開かれた第1回世界会議の最終報告書は、「相応しく
ない行動の報告の手続と最善の実践のための基準が明らかにされ、調製
され、公表されなければならない、自然法は国によって変わるものでは
ない〔圏点筆者〕、科学に導入されてきた共通する測定の組織とその他の
基準は国際的協力を拡大させてきた、研究行為における責任ある行動の
基本的基準は、その上にグローバルであり、知識の発展に本質的である
信頼と共有を成長させるものでなければならない」（ESF-ORI First World
Conference on Research Integrity : Fostering Responsible Research 2007 : 7)
と述べていた。

　さらに、第2回世界会議でのシンガポール宣言は、国や専門分野にお
ける相違はありつつも、「実施される場所にかかわらず、研究の誠実性の
基盤となる原則及び専門的責任がある」と述べ、14項目を共通する責任

第1章　研究倫理に関する世界の動向と日本の課題

表1　各国の研究不正定義

	オーストラリア	中国	クロアチア	デンマーク	フィンランド	フランス	インド	オランダ	ノルウェイ	スウェーデン	スイス	イギリス	アメリカ
	2007	2007	2007	2009	2002	1999	2006	2001	2007	2004	2003	2009	2005
	A.R.C.NationalHealth and Medical Research Council	中国科学院	Croatian Committee for Ethics in Science and Higher Education	Danish Agency for Science, Technology and Innovation	Finnish National Advisory Board on Research Ethics	French national Medical and Health-Research Institute	Indian Council of Medical Research	ALL European Academies	Ministry of Education	Swedish Research Council	Swiss Academies of Art and Science	UK Research Integrity Office	Public Health Service, Federal Register
捏造・偽造・盗用	○	○	○	○	○	○	○	○	○	○	○	○	○
広い定義	○	○		○	○			○	○	○	○	○	
都合のよい発表			○	○	○			○	○		○		○
幽霊オーサーシップ	○	○	○	○			○	○	○		○	○	
統計の誤用				○	○			○		○	○		
他人の研究の歪曲			○		○			○	○		○		
他人の研究の無視		○	○		○						○		
結果を歪めた解釈			○	○	○				○		○		
利益相反	○		○			○	○				○		
二重出版		○	○		○	○							
認められた手順の逸脱	○									○		○	
不適切なデータ管理						○	○				○		
専門資格のごまかし										○			
不正調査の妨害	○										○		
同僚評価の悪用									○		○		
情報や成果有体物の秘匿		○									○		
財政の不正	○	○											
人格侵害									○				
悪いメンターシップ						○							
人間や動物の虐待	○												
学生や部下の虐待													
その他		○	○	○	○	○	○	○			○	○	

出典：Daniele Fanelli, 2012, "The Black, The White and The Grey Areas : Towards an International and Inter disciplinary Definition of Scientific Misconduct." , in *Promoting Research Integrity in a Global Environment*, World Scientific.

と述べている。次いで、第3回世界会議でのモントリオール宣言は、機関や国、分野を超えた共同研究全般の在り方を宣言している。これらは、グローバルな研究行動規範の現時点における到達点として重要であり、2013年の世界研究評議会の宣言等、国際的な共通規範を形成する動きが強まっている。

　第3に、科学研究の社会的役割が拡大するにつれ、FFPに限定されていた研究不正の定義を拡大し、さらには防止・摘発から責任ある研究活動重視への大きな転換が起きている。「科学の誠実性確保と不正行為防止のための専門家会合」でも、狭義のFFPのみを問題にするのではなく、責任ある研究活動への逸脱を不正行為とする整理が行われている。中村（2011）による整理を第2表に紹介する。不正行為はあるべき研究の姿からの背理・逸脱であり、科学研究の社会的役割や利用の両義性[15]が拡大することに伴って、再定義が行われているのである。

　第4に、第1回世界会議の最終報告書が述べているように、重点は、制裁から啓蒙と教育へ移行していることである。大学院教育への位置づけや研究者向け啓蒙パンフレットの作成・出版が重要である。代表的なものとして、アメリカ科学アカデミー（Committee on Science, Engineering, and Public Policy, National Academy of Sciences、National Academy of Engineering, and Institute of Medicine）による *On Being a Scientist : A Guide to Responsible Conduct in Research*（2009）は、すでに第3版となり、日本でも池内了訳『科学者をめざす君たちへ : 研究者の責任ある行動とは』（化学同人、2010年）として翻訳されている。

　第5に、研究倫理教育は、研究費申請の条件になるなど急速に制度化されているが、研究力強化のための国家的政策の重要なアジェンダとなりつつある。アメリカで2007年8月に成立した「アメリカ競争力法」（通称 The America COMPETES Act）は、国立研究機関の強化、基礎研究の推進、重点的研究プログラムの強化、科学技術教育の拡大などを包括的に定め、全米科学財団に申請する機関は、研究倫理に関する訓練と教育を義務付けた（セクション7009）。全米科学財団は、2010年1月から、大

第 1 章　研究倫理に関する世界の動向と日本の課題

表 2　不正行為の概念整理

○中核的"研究不正行為" 　データの捏造 　データの改ざん 　盗用 　　捏造・改ざん・盗用には通常， 　以下のものが含まれる： 　　・分析時のデータの選択的排除 　　・期待通りの結果を得るための 　　　誤ったデータ解釈（統計手法 　　　の不適切な利用を含む） 　　・論文出版時の不正な修正 　　・資金提供者からの圧力で，間 　　　違ったデータや結果を産出	○研究遂行時の不正行為 　不適切な研究手法の利用（例：有 害や危険な） 　粗末な研究計画 　実験・分析・コンピュータ処理の 誤り 　被験者保護規定の違反 　実験動物の虐待
○データ関連の不正行為 　生データを保持しない 　ずさんなデータ管理・保存 　科学コミュニティに対するデータ 提供の留保 　注：研究資料についても適用	○出版関連の不正行為 　不当なオーサーシップの要求 　貢献した人を著者から除外 　科学コミュニティに対するデータ 提供の留保 　出版点数の見かけ上の増加（"サラ ミースライス出版"を含む） 　出版業績の修正の不履行
○人格に関する不正行為 　人間として不適切な行動，ハラス メント 　不十分なリーダー・シップ、メン タリング、学生への助言 　社会的・文化的規範への鈍感さ	○財政その他の不正行為 　ピア・レビューの悪用（例：利益 相反の不開示、ライバルの論文出版 の不公平な停滞） 　資格・研究業績の虚偽表示 　許可されていない物品の購入、私 的利得のための研究資金の誤った使 用 　根拠のない、あるいは悪意ある研 究不正申立て

　学は、研究費助成に際し、責任ある研究活動のトレーニングコースを策定することを求めている。全米科学財団は、2007 年から全米ポスドク協会（National Postdoctoral association）を支援し、2008年、同協会は「学術的誠実性プロジェクト」を開始した。また、全米科学財団は、STEM（Science, Technology, Mathematics and Engineering）の倫理に関するオンラインセンターの開発支援、分野・機関・国をまたがる全研究分野におけ

る倫理教育の向上を目指した研究・教育を支援も行っている。2010 年、NIH が申請に当たって RCR に関する倫理学習を 4 年ごとに 8 時間以上義務付けている。

中国における研究倫理の強化の理由には、中国科学技術部、教育省、科学院などによる「科学技術の評価業務の改善に関する決定」（2003 年）が、業績評価の推進と合わせて、不正行為の防止を推進している[16]。

4. 日本の動向と課題

(1) 2000 年代の日本

日本における研究倫理確立への取り組みは、旧石器捏造事件（2000 年 11 月）や理化学研究所所員告訴事件（2001 年 5 月）が相次ぎ、第 18 期日本学術会議の学術と社会常置委員会が『科学における不正行為とその防止について』（2003 年 6 月 24 日）報告を公表してから本格的に始まった。続く第 19 期において、委員会は、学協会の倫理綱領制定状況調査（2004 年 6 月）を実施し、その結果も踏まえた『科学におけるミスコンダクトの現状と対策　科学者コミュニティの自律に向けて』（2005 年 7 月 21 日）を公表した。同調査では、倫理綱領を制定済み・制定中の学協会が 110（回答学会 838 中 13.1％、学協会 1,481 中 7.4％）に止まり、ミスコンダクト対処手続を定めている学協会は 148 という実態が明らかになった（日本学術会議の学術と社会常置委員会 2005）。

その後、日本学術会議は、学協会及び研究機関に対する「科学者の倫理綱領・行動規範の設置状況等に関するアンケート調査」を実施し（2006 年 5 月）、その結果は、大学で制定済み・制定中は計 17.9％であること、回答数の 12.4％で不正行為があったとされる。

2006 年 2 月 28 日、総合科学技術会議は、「研究上の不正に関する適切な対応について」を公表し、日本学術会議など科学者コミュニティ、関係府省、大学及び研究機関等が倫理指針や研究上の不正に関する規定を策定することを求めた。文部科学省はじめ各省庁は、所掌している研究費による研究において不正行為の定義と対応指針を定めた。文部科学省は、科

学技術・学術審議会研究活動の不正行為に関する特別委員会（2006年4月）を設置し、その報告書『研究活動の不正行為への対応のガイドラインについて――研究活動の不正行為に関する特別委員会報告書――』（2006年8月8日、以下「2006年ガイドライン」）[17] と、日本学術会議声明「科学者の行動規範」（2006年10月3日、2013年1月25日改訂）が、各大学・研究機関における行動規範の制定や不正行為対応ガイドラインの参照基準となっている。

「2006年ガイドライン」制定後6年余を経て、2013年1月、文部科学省科学技術・学術政策局基盤政策課長名による機関調査が行われている。それによると、規程整備済みの大学は87.6%（＝633/723）、告発窓口を設置した大学は、92.7%（＝670/723、うち83%は告発なし）、教員対象の倫理教育の取り組み大学は、77.2%（＝558/723）、学生対象の倫理教育の取り組み大学は、21.6%（＝156/723）となっており、規程の整備が行われたとはいえるが、問題はその内容にある（第8章）。2014年8月26日、文部科学大臣決定による「研究活動における不正行為への対応等に関するガイドライン」（以下、「2014年ガイドライン」）が定められ、機関の管理責任を明確にするなどの対応を各大学・機関に求めている。今後、各大学・機関が制度構築をおこなうためにも、これらガイドラインを含めた日本の課題を次に検討する。

（2）日本における研究誠実性問題

第1の課題は、研究不正の定義である。本章3（5）でも述べ、第8章でも述べるように、FFPのみを研究不正とする伝統的な定義は変わりつつある。しかし、日本ではこの変化への対応が不明確である。研究倫理に関する全国レベルの規範類で影響力の大きいのは、「2006年ガイドライン」である。同ガイドラインは、2部に分かれ、第1部で、「不正行為とは、研究者倫理に背馳し、上記1〔注；研究活動の本質〕、2〔研究成果の発表〕において、その本質ないし本来の趣旨を歪め、研究者コミュニティの正常な科学的コミュニケーションを妨げる行為に他ならない。具

体的には、得られたデータや結果の捏造、改ざん、及び他者の研究成果等の盗用に加え、同じ研究成果の重複発表、論文著作者が適正に公表されない不適切なオーサーシップなどが不正行為の代表例〔圏点筆者〕と考えることができる」(p.5) と述べ、不正を FFP に限定していない。

　しかし、「第2部　競争的資金に係る研究活動における不正行為対応ガイドライン」では、「本ガイドラインの対象とする不正行為は、発表された研究成果の中に示されたデータや調査結果等の捏造と改ざん、及び盗用である」(p.12) と FFP に限定している．不正行為一般と競争的資金による研究に不正行為とはズレがあり、その理由は説明されていない。

　これに対し、「2014年ガイドライン」は、このズレをなくし、拡大する方向を明確に示した。すなわち、捏造、改ざん、盗用に加え、「このほか、他の学術誌等に既発表又は投稿中の論文と本質的に同じ論文を投稿する二重投稿、論文著作者が適正に公表されない不適切なオーサーシップなどが不正行為の代表例と考えることができる」(p.4) と「2006年ガイドライン」の定義を再確認した上で、二重投稿を例に挙げ、どのような行為が研究者倫理に反する行為に当たるかは、「科学コミュニティにおいて、各研究分野において不正行為が疑われた事例や国際的な動向等を踏まえて、学協会の倫理規程や行動規範、学術誌の投稿規程等で明確にし、当該行為が発覚した場合の対応方針を示していくことが強く望まれる」と述べ、大学・研究機関の責任に不正行為の定義を行い、対応することを求めている。また、第3節では、捏造、改ざん及び盗用を「特定不正行為」と定義するものの、「研究機関における研究活動の不正行為への対応に関するルールづくりは、……〔文部科学省関係の資金による研究活動での捏造、改ざん、盗用〕に限定するものではない」(p.10) と述べている。しかし、現実に機関単位で政府が定めたガイドラインより広い定義を取ることは極めて困難であり、ヨーロッパのように、学協会全体及び大学団体の議論とコンセンサス形成が必要である[18]。

　第2の課題は、科学技術政策や高等教育政策において、責任ある研究行為を推進する施策が盛り込まれていないことである。第4期科学技術

基本計画（2011.8.19）、「国の研究開発評価に関する大綱的指針」（2012. 12.26 改訂）、文部科学大臣決定「文部科学省における研究及び開発に関する評価指針」（2009.2.17）など一連の科学技術政策は、研究促進だけで、その信頼性確保の方策は盛り込まれていない[19]。例えば、認証評価における教員の研究業績公表は、厳格なオーサーシップを定義し、研究業績の過大な表示を防止し、文化として定着する機会でもあったのである[20]。

　第3に、全国的なガイドラインを策定し、様々なグッド・プラクティスを共有するスキームが明確ではないことである。上に述べた研究推進政策に研究不正防止策が盛り込まれていないことも、その結果ではないかと思われる。松澤（2014a, b, c）は、Hickling Arthurs Low（2009）などに依拠して、各国の研究倫理に関するシステムを検討し、①国として立法化された調査権限を持つ国（米国、デンマーク、ノルウェー）、②立法によらないが研究費配分機関や個別機関とは異なる監督組織で構成されている国（ドイツ、イギリス）、③独立した監督組織やコンプライアンス機能がない国（フランス、日本）に類型化している。機関や学会を超えた全国的な議論が行われないと、分野間の差を克服した共同の規範は形成されない。機関レベルの議論は、置かれた環境に制約されて規範の共有は立ち遅れる。高等教育政策の多面的な場面での推進と、全国レベルでの情報交流と普及の枠組みが必要である[21]。

　第4に、研究倫理の確立のための啓蒙と教育を進めるためには、学士課程教育と、特に大学院教育における制度化が不可欠である。このためには、大学教員の専門性を明確にし、大学院や入職後の専門性開発活動に位置づけていく必要がある。この点では、日本における大学教員の資格や専門性に関する諸規定が、専門職としての倫理性を明確に定めず、極めて不十分であることを視野に入れなければならない。Austin & McDaniels（2006）が整理したアメリカ大学教員の専門性には、「専門職としての態度」の項目で「倫理と誠実性」が明確に位置づいている。イギリスの場合は、研究審議会や高等教育資金団体の支援を受けた研究職能

開発の枠組みが 2010 年に作成され、「研究のガバナンスと組織化」にお
いて倫理が規定されている（加藤 2011）。国際的な文書も同様であり、ユ
ネスコ「高等教育の教育職員の地位に関する勧告」(1997 年 11 月 11 日第
29 回総会採択）は、第 7 章「義務と責任」で誠実な研究の遂行を定めて
いる（Ⅶ -34）。

　ところが、日本の場合、教授は「専攻分野における教育上、研究上又
は実務上の特に優れた知識、能力及び実績を有する者であって、学生を
教授し、その研究を指導し、又は研究に従事する」（学校教育法第 92
条）とされ、大学設置基準の教員の資格も専攻分野の研究業績と教育能
力を資格としているのみで（第 14 ～ 17 条）倫理的側面が軽視されている
のである。

　「科学者の行動規範──改訂版──」改訂が示すように、研究者は、
成果の社会的応用についても想像力を働かせ、責任ある行動を取ること
が必要になっている。このことは、分野を超えて共通し、人文・社会科
学分野でも、政府の政策への寄与、企業との提携など、現実社会へのコ
ミットが期待され、現にそうした役割も果たしている。しかし、医学・
工学等の分野に比して、研究倫理に関する文化はまだ途上にある。利益
相反関係も視野に入れた Integrity の実態を明らかにし、そのあり方は大
きな課題である。

【資料 1】

　NSF's Regulation on Research Misconduct（45 CFR §689）; National Science Foundation
（US.）

　　§689.1　定義　次の定義を本部分に適用する。

　　(a) 研究ミスコンダクトは、NSF による研究資金への申し込みや研究実施、申請
計画の評価、NSF の資金による研究結果の報告における「捏造」(Fabrication)、「改
ざん」(Falsification)、「盗用」(Plagiarism) を意味する。

　　　(1)「捏造」は、データや結果を作り上げ、記録したり発表したりすることを意

第1章 研究倫理に関する世界の動向と日本の課題

味する。

（2）「改ざん」は、調査対象、設備、プロセスを操作したり、研究記録に実際にはないようにデータや結果を除外したり、変えたりすることを意味する。

（3）「盗用」は、他人のアイデア、プロセス、結果や言葉を、適切な了承なしに流用することを意味する。

（4）本章（a）の目的に照らし、研究とは、科学、工学、数学、教育学のすべての分野で NSF に計画書を提出することやこうした提案書からの結果も含む。

（b）研究ミスコンダクトは、単なる誤りや意見の相違を含まない。

【資料２】

シンガポール宣言（Singapore Statement on Research Integrity、2010 年 7 月）

序文

研究の価値及び利益は研究の誠実さに大きく左右される。研究を組織・実施する方法には国家的相違及び学問的相違が存在する、あるいは存在しうるが、同時に、実施される場所にかかわらず研究誠実性の基盤となる原則及び職業的責任が存在する。

原則

研究のすべての側面における誠実性

研究実施における説明責任

他者との協働における専門家としての礼儀及び公平性

他者の代表としての研究の適切な管理

責任

1．誠実性：研究者は研究の信頼性に対する責任を負うべきである。

2．規則の順守：研究者は研究に関連する規則及び政策を認識し、順守すべきである。

3．研究方法：研究者は適切な研究方法を採用し、根拠の批判的解析に基づき結論を導き、研究結果及び解釈を完全かつ客観的に報告すべきである。

4．研究記録：研究者は、すべての研究の明確かつ正確な記録を、他者がその研究

19

を検証及び再現できる方法で保持すべきである。

5．研究結果：研究者は、優先権及び所有権を確立する機会を得ると同時に、データ及び結果を広くかつ速やかに共有すべきである。

6．オーサーシップ：研究者は、すべての出版物への寄稿、資金申請、報告書、研究に関するその他の表現物に対して責任を持つべきである。著者一覧には、すべての著者及び該当するオーサーシップ基準を満たす著者のみを含めるべきである。

7．出版物における謝辞：研究者は、執筆者、資金提供者、スポンサー及びその他をはじめとして、研究に多大な貢献を示したが、オーサーシップ基準を満たさない者の氏名及び役割に対し、出版物上に謝意を表明すべきである。

8．ピア・レビュー：研究者は、他者の研究をレビューする場合、公平、迅速、厳格な評価を実施し、守秘義務を順守すべきである。

9．利害の対立：研究者は、研究計画、出版物、公衆との対話、及びすべてのレビュー活動における成果の信頼性を損なう可能性のある利害の金銭的対立及びその他の対立を開示すべきである。

10．公衆との対話：研究者は、研究結果の有用性及び重要性について公開議論を行う場合、専門的コメントは当該研究者の認識された専門分野に限るものとし、専門的コメントと個人的な見解に基づく意見とを明確に区別すべきである。

11．無責任な研究行為の報告：研究者は、捏造、改ざん、または盗用をはじめとした不正行為が疑われるすべての研究、及び、不注意、不適切な著者一覧、矛盾するデータの報告を怠る、または誤解を招く分析法の使用など、研究の信頼性を損なうその他の無責任な研究行為を、関係機関に報告すべきである。

12．無責任な研究行為への対応：研究機関、学術誌、研究に関与する専門団体及び機関は、不正行為及びその他の無責任な研究行為の申し立てに応じ、善意で当該行動を報告する者を保護する手段を持つべきである。不正行為及びその他の無責任な研究行為が確認された場合、研究記録の修正を含め、迅速に適切な措置を取るべきである。

13．研究環境：研究機関は、教育、明確な方針、及び昇進の妥当な基準を通して誠実性を促す環境を構築・維持し、誠実な研究を支援する研究環境を助長すべきである。

第 1 章　研究倫理に関する世界の動向と日本の課題

14.　社会的課題：研究者及び研究機関は、その研究に特有のリスクを社会的利益と
　　　比較検討する倫理的義務があることを認識すべきである。

　研究の誠実性に関するシンガポール宣言は、責任ある研究の実施の世界的指針と
して、2010 年 7 月 21 ～ 24 日にシンガポールで開催された第 2 回研究公正に関する
世界会議（World Conference on Research Integrity）の一環として作成された。これ
は規制文書ではなく、本会議に参加及び / または資金提供した国及び機関の公式の
方針を表すものではない。研究の誠実性に関連する公式の方針、ガイダンス、及び
規則については、適切な国家当局及び組織に助言を求めるべきである。
（早稲田大学研究倫理オフィスによる翻訳を一部修正；http://www.waseda.jp /rps/ ore/
jpn/links/. 2014 年 6 月 5 日アクセス）

【資料 3】

　モントリオール宣言（Montreal Statement on Research Integrity in Cross-Boundary
Research Collaborations、2013 年 5 月）

序文
　国、機関、分野とセクターの境界を超えた研究連携（research collaborations）は知
識を世界的に推進するうえで重要である。しかし、このような連携は責任ある研究
行為にとって特別な課題を提起している。なぜなら、規制や法制度、組織や資金の
構造、研究文化、訓練の方法において、実質的な相違が存在するからである。それ
ゆえに研究者は、越境する研究連携において生起する誠実性に関する論点と同様
に、こうした差異をよく知悉し、取り組めることが際立って重要なのである。研究
連携の誠実性の生長は、すべての個人と機関の相手方の責任である。研究者は、シ
ンガポール宣言で述べられた専門的責任を固守すべきである。加えるに、次の責任
は連携研究の誠実性にとって基本的であり、個人と機関のレベルにおいて、連携の
相手方と特に関連する。

一般的な連携責任（General Collaborative Responsibilities）〔全体としての連携責任〕

1．誠実性：連携パートナーは、自分たちの関わり〔連携研究〕の信頼性のために、集団的に責任を負うべきである。

2．信頼：連携パートナーそれぞれの〔全ての〕行動は、すべての他のパートナーの信頼に値するものであるべきである。信頼の水準を打ち立て、維持する責任はすべての連携パートナーに存する。

3．目的：連携研究の目的は、人類の利益となる知識を推進する目的のために行われ、主導されるべきである。

4．目標：連携パートナーは、研究の目標の発端から合意すべきである。目標における転換はすべてのパートナーによって交渉し、合意されるべきである。

連携を〔創設し〕運営する上での責任

5．連携パートナーは、相互に研究についての理解を十分に深めるために、互いに頻繁かつオープンに情報交換すべきである。

6．協定：連携研究を管理する協定はすべての連携パートナーによって理解され、承認されるべきである。不当もしくは不必要なデータ、発見もしくは他の研究成果を広げることを制限する協定を避けるべきである。

7．法律、方針と規則のコンプライアンス：全体として連携は、従うべき法律、方針と規則を守るべきである。連携パートナーは、研究適用する法律、方針もしくは規則の葛藤を扱う方法を速やかに決定すべきである。

8．費用と報奨：連携研究の費用と報奨は公平に連携パートナーのあいだで分配されるべきである。

9．透明性：連携研究は、協定に基づいて可能な限りオープンに行われ、その結果は、隠し事なく純粋に普及されるべきである。財源は完全に公表されるべきである。

10．資源のマネジメント：連携パートナーは、人間、動物、資金その他の資源を適切に使用すべきである。

11．モニタリング：連携パートナーは誠実性を伸長させ、期限内での完了と成果の普及が行われるよう、研究プロジェクトの進捗を観察すべきである。

連携における責任

第1章 研究倫理に関する世界の動向と日本の課題

12. 役割と責任：連携パートナーは研究計画の策定、実行、普及におけるその役割と責任について、相互に理解すべきである。こうした理解は役割や責任が変われば再度取り決めるべきである。

13. 慣習的な実践と前提：連携パートナーは、慣習的なやり方と研究に関する前提について、包み隠さず議論すべきである。視点、熟練、方法の多様性と慣習的なやり方の違い、研究の誠実性を曖昧にする基準と前提は、オープンに討議されるべきである。

14. 葛藤：連携パートナーは、〔必要に応じて〕個人と機関のレベルにおける葛藤、不合意、誤解を早期に解決を目指すべきである。

15. 代表者の責任：連携パートナーは連携を代表して誰が述べる権限を持つか、合意しておくべきである。〔すべてのパートナーの承認：連携研究のすべてのパートナー、特に若い研究者の寄与は、十分かつ適切に評価されるべきである〕

研究成果の責任〔連携研究の成果の責任〕

16. データ、知的財産と研究の記録：連携パートナーは、最初と必要に応じて後に、データ、知的財産、研究の記録の使用、管理、共同と所有についての合意を作っておくべきである。

17. 発表：連携パートナーは、最初と、必要に応じて後に、論文と発表についての決定をどう行うかについて、合意を作っておくべきである。

18. オーサーシップと謝辞：連携パートナーは、最初と、必要に応じて後に、共同した研究成果のオーサーシップと謝辞の基準について、合意を作っておくべきである。論文と他の成果は、すべての関係者の寄与を記述すべきである。

19. 無責任な研究実践への対応：全体として連携は、メンバーによるミスコンダクトや他の無責任な行為への訴えへ対応する手続を含むべきである。連携パートナーは、パートナーによるミスコンダクトや他の無責任な行為の疑いが生じたり確認されたりした時には、速やかに適切な行動を取るべきである。

20. アカウンタビリティ：連携パートナーは、研究の進捗状況に関し、互いに、資金提供者と他の利害関係者に対し、説明責任を持つべきである。

＊草案は第3回世界会議HP（http://wcri2013.org/Montreal_Statement_e.shtml. 2014

年6月5日アクセス）、成案は（http://www.cehd.umn.edu/olpd/ MontrealStatement.pdf.
2014年6月5日アクセス）である。原案に対して加筆された部分はアンダーライン、
削除は〔　〕で示した。

【資料4】

研究誠実性の原則に関する宣言（Statement of Principles for Research Integrity）

責任ある研究行為は科学的な活動におけるもっとも本質的なものであり、社会の
科学に対する信頼の中に本来含まれるものである。責任ある研究行為の枠組みにお
いて、研究誠実性の基本原則、すなわち正直さ、責任、公正性、説明責任の原則
が、研究者や科学コミュニティの責任を述べている基本的な文書1において明記さ
れている。誠実な研究を実施するための最終的な責任は、研究者と研究機関自身に
属するけれども、研究資金配分機関は、自らが支援する研究活動が可能な限り高い
水準で実施されることを担保する責務がある。このため、世界研究評議会第2回年
次会合の参加者は、研究資金配分機関が研究誠実性をあらゆる活動の核心とする国
際的環境を創設する責任を明らかにするために、以下の原則を確認する。
原則
リーダー・シップ：研究資金配分機関は研究プログラムの責任あるマネジメントに
おいて、模範を示して先導しなければならない。
促進：研究資金配分機関は、研究活動のあらゆる側面における誠実さを促進するた
めの方針やシステムを開発し実行することを、研究機関に奨励すべきである。
教育：研究資金配分機関は、研究誠実性に関する継続的な訓練を促進し、全ての研
究者や学生に対して研究誠実性の重要性を教育するための先導的取組を開発すべき
である。
手続きの透明性：研究資金配分機関は、それぞれの権限の範囲内で、研究誠実性
を促進し、研究不正の申立てに対応するための方針や手続きを公表するべきである。
研究不正の告発への対応：研究資金配分機関は、研究不正2の調査が行われている
どの時期でも、説明責任、スケジュール、公正性を重んじるようなプロセスを支援
すべきである。

第1章 研究倫理に関する世界の動向と日本の課題

　研究支援のための条件：研究資金配分機関は、研究者や研究機関が資金を獲得
し、保持するための条件として、研究における誠実さを含めるべきである。
国際協力：研究資金配分機関は、世界的に研究誠実性を支援し促進するために、
パートナーと協力して取り組む。
1．例えば、シンガポール宣言、国際学術会議政策報告、研究誠実性のための欧州
　行動規範などがある。
2．研究誠実性の侵害には、盗用、ねつ造、改ざんが含まれるが、これに限らない。
　＊日本学術振興会による仮訳をもとに修正を加えた。

【資料5】

　「研究誠実性のための欧州行動規範」（The European Code of Conduct for Research
Integrity, European Science Foundation, All European Academies、March 2011.）

1．概要（Executive Summary）
　1.1　規範（The Code）
　　研究者、公立及び私立機関、大学と資金配分機関は、科学的及び学術的（scholarly）
　研究において、誠実性の原則を見守り、促進しなければならない。その原則は、
　次のものを含む。
　・発表（communication）における正直さ
　・研究を遂行する上での信頼性
　・客観性
　・公平性と自立性
　・公開性と接近可能性
　・配慮義務
　・引用やクレジットを与える上での公正さ、および
　・将来の科学者・研究者への責任
　　大学、研究所、その他研究者を雇用する機関は、資金配分機関・団体と同様
　に、広く行き渡っている研究誠実性の文化を保証する義務を有する。これは、明
　確な方針と手続、研究者の訓練とメンタリング、早く身体化すると共に、高い水

準の応用と意識を保証し、どこでも逸脱を防止することが可能な強力なマネジメントを含む。

　捏造、偽造と故意に歓迎せざるデータを削除すること（deliberate omission of unwelcome data）は、すべて研究の精神に対する深刻な冒涜である。盗用は、他の研究者に対する責任ある行動原則の冒涜の一つであり、その上に間接的に科学を害するものである。こうした犯罪を適切に裁くことに失敗する機関は、これまた罪がある。信頼しうる弁明は常に調査されるべきである。少数の誤った行動を取るものは、常に譴責され、正されるべきである。

　弁明の調査は、全国的な法律と自然的正義とに一致すべきである。公正かつ迅速で、適切な結果と制裁がもたらされるべきである。秘密保持は可能な限り守られ、必要に応じた措置が取られるべきである。検査は、申し立て者が不履行で機関を離れても、最後まで実行されるべきである。

　国際連携のパートナーである個人及び機関双方は、関係者の国々の主権と法律を尊重すると共に誠実な研究からの逸脱からの疑惑を調査することへの協力に、あらかじめ同意しておくべきである。国家を越え、横断的学際融合的な科学が広がっている世界においては、「研究ミスコンダク防止と科学の誠実性を保証する最上の取り組み」（Best Practices for Ensuring Scientific Integrity and Preventing Misconduct）に関する OECD 世界科学フォーラムは、この点に配慮した有益なガイダンスを提供しうる。

1.2　研究の誠実性の原則（The Principles of Research Integrity）

　目的と意図の提示、方法と手続の報告、解釈の伝達においては、正直さ（honesty）が求められる。研究は、信頼性（reliable）があり、その発表は公正で十分なものであるべきである。客観性（objectivity）は、十分な根拠があり、データを扱う際には透明性があることが求められる。研究者は、自立し（independent）、公平で（impartial）、他の研究者や公衆との対話は、公開（open）で正直でなければならない。すべての研究者は人間、動物、環境や研究する対象に配慮する義務（duty of care）を有する。彼らは、引用や他人の仕事を評価する際には公平さ（fairness）でなければならない。また、若い研究者や学者の指導にあたって、将来の世代へ

第1章　研究倫理に関する世界の動向と日本の課題

の責任を示さなければならない。

1.3　ミスコンダクト（Misconduct）

　研究ミスコンダクト（research misconduct）は知識にとって有害である。それは、他の研究者を誤った方向に導き——たとえば、安全でない薬品や出来の良くない法律につながるなら——個人と社会を脅かしかねない。また、公衆の信頼（trust）を破壊することで、研究の軽視や好ましくない規制をもたらすことに導きかねない。

研究不正は多くの形で現れる。

・捏造（Fabrication）は、あたかもそれが事実であるかのように、結果と記録を作り上げることを意味する。

・偽造（Falsification）は、研究手続をごまかしたり、変更したり、データを除外することを意味する。

・盗用（Plagiarism）は、ふさわしい credit なしに他人の成果を流用することを意味する。

・ミスコンダクトのほかの形態は、利益の不実な説明（misrepresentation of interests）、守秘義務違反、同意の欠落、研究被験者の虐待や材料の乱用のような明確な倫理的かつ法的必要条件からの逸脱（failure to meet clear ethical and legal requirements）を意味する。

　不正は、不正の隠ぺいの試みや、告発者に対する報復のような、ふさわしくない行為（improper dealing）も含む。

・軽微な不品行（minor misdemeanors）は公式な調査には至らないが、しばしば起こりうるとダメージになるので、教師とメンターは正すべきである。

　対応はミスコンダクトの深刻さに応じなければならない。原則として、故意に若しくは（intentionally、knowingly）結果を顧みずに（recklessly）不正が行われたことが証明されなければならない。証明は明確な証拠に基づかなければならない。研究ミスコンダクトは、意見の相違や単なる間違いを含むべきではない。学生の脅かしや資金の誤用や、一般的な法律と社会的制裁を受けるような問題行動も同じように容認できないが、それ自体は研究業績の誠実性に影響しないので

「研究ミスコンダクト」ではない。

1.4　よい研究実践（Good Research Practices）

　誤った手続、欠陥あるデータの扱いなど、科学における公衆の信頼に影響を与えかねない事例がある。これらもまた研究コミュニティによって真剣に取り組まれるべきである。したがって、データの扱い（data practices）に際しては、オリジナルデータを保存し、研究仲間が利用できるようにすべきである。研究手続（research procedures）からの逸脱は、対象としての人間、動物もしくは文化、への配慮が不十分なこと、規約違反、同意を得ることの欠落、秘密保持違反などを含む。不当なオーサーシップを求めたり、聞き入れたりすること、適切なオーサーシップを否定することも容認できない。他の出版に関する過失（publication-related lapses）は、重複出版、サラミ出版や後援者や貢献者が不十分にしか書かれていないものも含む。査読者と編集者は、自分たちの独立性を堅持し、利益の相反を明確にし、個人的な偏向や対抗意識に細心の注意を払うべきである。筋の通らないオーサーシップの要求と幽霊オーサーシップは、偽造の一形態なのである。アイデアを盗み取る編集者と査読者は、剽窃に関与するものである。研究に参加する人々に苦痛とストレスを引き起こすとか、同意なく危険にさらすことは、倫理的に容認できない。

　誠実さの原則やそこからの逸脱は普遍的な性格を持つけれど、良い実践のあり方というものは文化的に異なるし、全国及び機関の一連のガイドラインの中に位置づけられるべきで、簡単に一般的な行動規範に入れ込むことはできない。しかし、良い実践のための全国的なガイドラインは、次のことを考慮すべきである。

（1）データ

　すべての1次データ、2次データは、実質的な期間、文書化され集積されて、安全かつ利用できる形態で保管され、研究仲間が扱えるように置かれるべきである。他者と協業し、討論する研究者の自由は保証されるべきである。

第1章　研究倫理に関する世界の動向と日本の課題

（2）手続

すべての研究は、過失、性急さ、不注意と怠慢を回避する方法で計画され、実施されるべきである。研究者は、研究費に申請した時にした約束を満たすように努めるべきである。研究者は、環境への影響を最小限に止め、資源を効率的に使うべきである。顧客やスポンサーは、研究者の法的及び倫理的義務と出版の重要さを知らされるべきである。合法的に求められる場合には、研究者はデータの秘密保持を尊重すべきである。研究者は、受け取った補助金や資金の会計報告を適切に行うべきである。

（3）責任

すべての研究対象－人間、動物もしくは非生命－は、尊重し配慮を持って扱われるべきである。コミュニティや協働する人々の健康、安全と福祉は、曖昧にされるべきではない。研究者は研究対象に対して気を配るべきである。人間対象の研究を行う規準を逸脱してはならない。動物は、他の手段が証明に不適切であるときにのみ、研究において利用されるべきである。これらの研究から期待される利益は、動物に苦痛や危害を与えても、それに勝るものでなければならない。

（4）公表

結果は、知的財産の考慮が遅延しない限り、可能な限り早い段階で、広く、透明性があり正確なやり方で公表されるべきである。他のやり方が定められていない限り、すべての執筆者は、出版物の内容に十分な責任を持つ者であるべきである。招かれたオーサーシップと幽霊オーサーシップは容認されない。執筆者の順序を定める規準は、理想的にはプロジェクトの開始時に、全員が同意したものでなければならない。協力者や助手の貢献は、その人たちの同意を得て、承認されるべきである。すべての執筆者は、どんな利益相反も明らかにしておくべきである。その他のひとびとの知的な貢献は承認され、正しく引用されるべきである。正直さと正確さは、公衆と大衆向きのメディアでの対話においても維持さるべきである。研究に対する財政などの支援は、知らされるべきである。

(5) 編集者の責任

　利益相反の可能性を持つ編集者や査読者は、論文への関与を断るか、読者としての対立関係を明らかにすべきである。査読者は、正確、客観的で本質的、かつ反論に対して説明できる評価を行い、信頼性を保つべきである。査読者は、許可なしに投稿された原稿の材料を利用すべきではない。研究資金獲得、個人の採用・昇進その他の評価のための申請を考慮している査読者は、同じようなガイドラインを守るべきである。

　研究ミスコンダクトを扱う最も重要な責任は、研究者を雇用している人々の手にある。こうした機関は、ミスコンダクトの申し立てを扱う常設もしくは臨時の委員会を設置すべきである。学会その他の学術団体は、ミスコンダクトの申し立て事例を扱うことを含めた行動規範を定め、会員にそれを遵守することを求めるべきである。国際共同研究に参加する研究者は、この文書で展開されたような研究誠実性の基準に同意し、正式な連携協定を最初から採用するか、OECD 科学フォーラムによって起草された文書を利用すべきである。

　＊同規範は、全16ページからなり、概要、コード及び付属文書、参加した欧州科学評議会メンバー、科学と倫理に関する全欧州アカデミー（ALLEA）委員会から構成されている。このうち、概要のみ訳出した（http://www.esf.org/fileadmin/Public_documents/Publications/Code_Conduct_ResearchIntegrity.pdf. 2014 年 5 月 12 日アクセス）

【注】

1）不正を行わず、真摯に取り組むべき研究のあり方は、英語で Research integrity, Integrity of research と呼ばれる．Integrity は、「道徳原則の堅実さ、堕落していない徳のこと、特に、真実と公平な扱い、道徳的な正しさ、正直さ、率直さに関する」（O.E.D）ことを示し、「誠実さ」あるいは「真摯さ」と訳されるべきだが、日本語では「公正」と訳されている．その初出はわからないが、各機関の規定等で使用されているものの、英語圏の行動規範に登場する Impartial（偏見のない），Fairness（公正）との違いが難しく、筆者は，訳語として適切ではないと考える．「公正」

は、「公平で偏っていないこと、公平」(『大辞泉』、小学館)、「特定の人だけの利益を守るものではなく、誰に対しても平等に扱う様子」(『新明解国語辞典』、三省堂)、「①私心がなくて正しい、②明白で正しい」(『新選漢和辞典』、小学館)、「①公平で邪曲がないこと、②明白で正しいこと」(『広辞苑』第2版補訂版)であり、Integrity の意味するところに対応しない．また、経済における分配の公正など社会的公正の研究も、古くから存在するが、これとも混乱しそうである．特に、日本語の「公正」は主体が客体に対して関わる際の行動原理を主に指すと思われるが、Integrity は、主体の内面的行動原理をも意味すると理解され、正確ではないと思われる．本章では、Integrity を「誠実性」として使用する．

2) 研究における誠実性よりも、さらに大きな概念として Academic integrity(学問的誠実性) がある．英語圏では、Academic が大学における教育を指すことが多く、学士課程教育における不正行為を問題にする際に使われてきた．Tricia Bertram Gallant (カリフォルニア大学アカデミック・インテグリティ・コーディネーター) は、アメリカのカレッジと大学において、1960 年代から学習における不正が広がり、複数の大学にまたがる調査で、学士課程学生の 75% がごまかしを経験したと回答し、以来、中等後教育において、学生の学習と教育における重要課題になってきたと指摘している (Gallant 2008：1)．日本の大学教育においては、まったく問題にされてこなかったが、大衆化と教育・学習の質、大学教育の信頼性という観点からは、当然、扱われるべき課題であった．研究における不正と同様、こうした問題への取り組みは、「恥部」を直視することを避けるメンタリティが強いためか、無視されてきた．現実は、レポート・卒論を有料で代行し、そのためのレポート買い取りまで公然と HP で行う業者もあり、高校生の作文まで対象になっている．研究不正の土壌は、中等教育から作られているのである．参考のために、この種のウェブを紹介しておく．

・夏休みの宿題・作文代行サービス (「読書感想文や一般的な課題の作文を代行いたします」と宣伝．http://www.sakubun-daiko.com/)

・宿題 HELP3 (小学生から大学生まで宿題を代行．http://www. gakusen.com/)

・卒論代行・昇進論文代行専門 by 書ける屋 (「論文の専門家があなたが書いたように卒業論文・昇進論文を完成させます」とうたい文句．http://www.kakeruya.

com/）

・アイブックス学術代行（通信制大学・大学院のレポート代行、実績として早稲
田大学他 44 大学をリストアップしており、2014 年 1 月で 11,387 名が利用してい
る．http://www.ibooks-japan.com/tuushin.html）

・Happy Campus（会員登録した者に分野別のレポートの買い取りと販売を行う）
http://www.happycampus.co.jp/）

3）アメリカでの研究不正に関する動向は、山崎茂明『科学者の不正行為──捏
造・偽造・盗用』（丸善株式会社、2002 年）、Sheldon Krimsky, 2003, *Science in the
Private Interest: Has the Lure of Profits Corrupted Biomedical Research?*, The Rowman &
Littlefiied Publishers, Inc.（宮田由紀夫訳『産学連携と科学の堕落』海鳴社、2006
年）、米国科学アカデミー編『科学者をめざす君たちへ──科学者の責任ある行
動とは──』（化学同人、1996 年）がある．欧州 18 カ国の研究倫理のための制度
については、ESF（2008）が概括している．

4）大学での不正行為ガイドラインの議論の際に、告発対象の研究の発表期間が問
題になることがある．調査の可能性やデータの保存期間などの実務的要因が理由
として挙げられるが、この事例は、研究不正が人類の知を損なう行為であるがゆ
えに、時効がないことを示している．

5）山崎茂明『科学者の発表倫理』（丸善出版、2013 年）は、オーサーシップと
ICMJE の規定成立について詳説している．ICMJE の HP は、http://www.icmje.org/
urm_main.html（2014.12.20 アクセス）．日本医科大学電子図書館医学雑誌投稿規定
集には、日本語訳のサイトがある（http://libserve.nms.ac.jp/link/toko.htm、2014.12.
20 アクセス）．海外医学雑誌の投稿規定に関するサイト「海外医学雑誌投稿情
報」（田辺三菱製薬提供、http://www.toukoukitei.net/index.html）は広範なデータ
ベースとなっている．

6）WAME の HP（http://www.wame.org/ ; 2014.12.20 アクセス）及び日本医学雑誌編
集者会議 HP 参照．

7）http://www.councilscienceeditors.org/ ; 2013.5.10 アクセス．

8）http://publicationethics.org/ ; 2014.12.20 アクセス．

9）http://jams.med.or.jp/jamje/ ; 2014.12.20 アクセス．

第 1 章　研究倫理に関する世界の動向と日本の課題

10）地球科学フォーラムは、OECD の科学技術政策委員会の活動の一環であり、
1992 年に巨大科学における国際協力を推進するために設置した巨大科学フォーラ
ム（Mega Science Forum）の発展活動として、1999 年に科学技術政策委員会の決
定により 1999 年から 2004 年 4 月まで活動し、2004 年 1 月の閣僚級会合によって
延長が決定されている．研究倫理に関する GSF の活動については、OECD 研究不
正調査の促進のための調整委員会に参加した札野（2008）参照．

11）文部科学省「OECD 科学技術政策委員会グローバルサイエンスフォーラム
（GSF）研究誠実性向上及び研究上の不正行為防止に関するワークショップに
ついて」（http://www.mext.go.jp/b_menu/ shingi/gijyutu/gijyutu9-1/shiryo/ 06110911/
006.htm 2013.12.5 アクセス）

12）ESF は、1974 年、ストラスバーグでヨーロッパにおける研究協力を進めるため
に、15 カ国の 42 のアカデミーと研究審議会でスタート、2012 年には、資源配分機
関も含めて 30 カ国 72 のメンバーに拡大、独立した非政府組織で、多様な研究文化
と機関の連携に重要な役割を果たしている．ESF は、ヨーロッパ委員会のように目
的を絞るのではなく対応、調査ワークショップ、EUROCORES（European
Collaborative Research Scheme）、研究ネットワークプログラム、会議などで研究コ
ミュニティの必要性に対応している．

13）第 2 回会議の内容は出版されている．Mayer and Steneck.（2012）.

14）例えば、英国研究誠実性局（UK Research Integrity Office）の *Code of Practice for
Research : Promoting good practice and preventing mis-conduct*"（2009）は、ミスコンダク
トとして、「a）捏造　b）改ざん　c）データ及び / 若しくは利害関係、関与の不
正確な説明　d）盗用；及び e）次のことに責任もって実行することに配慮するこ
とを怠ること；ⅰ）人間、研究に使う動物及び環境に害を与えることや、不合理な
リスクを回避すること　ⅱ）研究の過程で収集した個人的もしくは私的情報を適切
に扱うこと」をあげ、さらにこれに限るものではないとしている．フィンランドの
全国研究倫理諮問委員会（National Advisory Board on Research Ethics）の " Good
scientific practice and procedures for handling misconduct and fraud in science."（2002）
は、「科学における不正行為」（Misconduct in Science）と「科学における虚偽」（Fraud
in Science）とを区分し、「科学における不正行為」は、「研究行為における怠慢と

33

無責任すべて」,「他の研究者の論文への寄与を控えめに記述し,最初の発見への参照に無頓着なこと」,「不注意でそのために誤解させる研究結果と研究方法を報告すること」,「結果のいい加減な記録と保存」,「新規なものとして同じ結果を何回も発表すること」,「自身の研究について研究コミュニティを誤解させること」を例示している.「科学における虚偽」は,「研究コミュニティとしばしば政策決定者を欺くこと」を意味し,「捏造」,「改ざん」,「盗用」,「横領」の4つをあげている.

15) 科学研究自体は価値自由と捉えられるが（異論はある）,その成果ないし応用は社会的性格を帯び,人類社会の福祉を破壊する利用（核兵器,生物兵器,リスクの過小評価などによる科学技術災害）も可能であり,現に可能にしてきた,日本学術会議声明「科学者の行動規範——改訂版——」(2013年1月25日)は,3・11東日本大震災と原発事故の反省をふまえ,科学者の姿勢,社会の中の科学者,科学研究の成果の両義性を加えている.

16) 2012年5月に,浙江師範大学副教授叶林氏と中国調査を行い,北京大学教育学院副院長閻鳳橋教授,杭州師範大学教務処処長季誠鈞教授,浙江大学教育学院副院長顧建民教授,浙江大学人文学院哲学系教授叢杭青教授,中国科学院へのインタビューを行った際にいずれも説明された.

17) 特別委員会の作業中,主査代理でもあった早稲田大学教授による研究費不正使用が発覚するという極めて深刻な問題に直面した（2006年6月）.

18) 個別機関レベルに委ねるだけでは,科学コミュニティの動向を反映した規範形成にはつながらない.研究大学は多様な分野で構成されており,不正の定義も多様であるが,機関として統一した規定を設けると,すべての分野（学部・研究科）で想定されている不正の定義として FFP に収斂する結果になる.たとえば,「2014年ガイドライン」への対応のために,東北大学公正な研究推進委員会専門委員会が行った部局対象調査では,32部局（研究科・研究所・学内共同利用施設）に研究不正の定義を質問したところ,FFP のみを挙げたのは1部局だが,すべての部局を通じて共有されているのは,FFP のみであった（2014年11月28日実施）.学協会でのコンセンサスは,専門分野の枠組みに基づくもので,それだけでは機関レベルの規範形成に転化しないのである.

第1章　研究倫理に関する世界の動向と日本の課題

　また、機関レベルでの議論では、定義を広げると、不正告発の増大を危惧した
り、被告発者が異議申し立てから司法的救済を求めた場合を想定し、外部規範に
根拠を求める心理が働いたりして、機関独自の見解を立てにくい．不正行為か否
かの判定にはグレーゾーンが存在し、研究不正を狭く規定することで問題行動が
正当化されてしまう．「誠実な研究のための欧州行動規範」で、「軽微な不品行は
公式な調査には至らないが、しばしば起こりうるとダメージになるので、教師と
メンターは正すべきである」と述べられているのは、示唆的である．

　なお、Research misconductを研究不正と訳していることも、不正＝不法との理解
に直結し、それに伴った制裁が制度化されるため、懸念ある行動や不適切な行為
など「広義の不正行為」の扱いに迷いがあることも指摘しておきたい．このた
め、日本学術会議学術と社会常置委員会（2005）は、ミスコンダクトとカタカナ
表記をしていた．

19) 研究不正は、研究大学においてこそ起きやすく、大学での研究推進には、アク
　　セルとブレーキの双方が必要である（早稲田大学研究推進統括理事深澤良彰発
　　言、2013年2月19日、学術フォーラム『『責任ある研究活動』の実現に向けて）．

20) 大学評価に関する各種の評価書式では、研究業績を「論文」「著書」に区分
　　し、「単著」「共著」を記載させているが、著書における分担執筆の項目がない．
　　図書出版においては、共著と分担執筆ではまったく寄与と重みが違うが、反映さ
　　れていない．例えば、東京学芸大学「論文目録記入要領」のように、(1) 単著、
　　(2) 共著・編著・分担執筆、(3) 監修・編集が明確に区分されているような定め
　　が必要である．このためとだけいえないが、大学での講演録を収録した報告書の
　　類を「共著」とした上で、収録された講演録を「単著論文」として報告し、同一
　　の出版物を二重にカウントする業績のかさ上げすら行われている．

21) 大学間連携共同教育推進事業として、信州大学などによる「研究者育成の為の
　　行動規範教育の標準化と教育システムの全国展開」がスタートし、アメリカの
　　Collaborative Institutional Training Initiative と連携した大学院生向け研究倫理教育プ
　　ログラムが提供されている．日本における個別大学のいわゆるFDは、大学教員の
　　授業に特化しているが、東北大学高等教育開発推進センター（2010）のように構
　　造化された大学教員能力に、研究倫理を位置付けた若手教員向けテキストもあ

る．日本学術振興会「科学の健全な発展のために」編集委員会『暫定版　科学の
健全な発展のために──誠実な科学者の心得──』(2014 年 11 月）も公表された
が、全国的な組織性にはまだ程遠い．

【参考文献】

・Austin, E.Ann & McDaniels, Melisa, 2006, *Preparing the Professoriate of the Future : Graduate Student Socialization, Higher Education ; Handbook of Theory and Research*, Vol. XXI, Kluwer Academic Publishers.

・Babbage, Charles, 1830, "Reflections on the Decline of Science in England and on Some of its Cause." in *The Works of Charles Babbage*, Vol.7.

・Beck, Ulrich, 1986, Riskogeselishaft Auf dem Weg in eine andere Moderne, Suhrkamp. (＝ 1998、東廉・伊藤美登里訳『危険社会──新しい近代への道』法政大学出版局).

・Broad, William & Nicholas Wade, 1982, *Betrayers of the Truth Fraud and Deceit in the Hall of Science*, Simon and Schuster. (＝ 2006、牧野賢治訳『背信の科学者たち　論文捏造、データ改ざんはなぜ繰り返されるのか』講談社ブルーバックス).

・ESF-ORI First World Conference on Research Integrity : Fostering Responsible Research, 2007, *Final Report to ESF-and ORI First World Conference on Research Integrity : Fostering Responsible Research*.

・European Science Foundation, 2008, *Survey Report Stewards of Integrity Institutional Approaches to Promote and Safe guard Good Research in Europe*.

・Fanelli, Daniele, 2012, "The Black, The White and The Grey Areas : Towards an International and Inter disciplinary Definition of Scientific Misconduct.", in *Promoting Research Integrity in a Global Environment*, World Scientific.

・Gallant, Tricia Bertram 2008, *Academic Integrity in the Twenty-First Century : A Teaching and Learning Imperative*, ASHE Higher Education Report 33, Number 5.

・Hickling Arthurs Low, 2009, *The State of Research Integrity and Misconduct Policies in Canada*.

・Mayer, Tony, Nicholas, Steneck, 2012, *Promoting Research Integrity in a Global Environment*, World Scientific.

・Mitcham, Carl (edit.), 2005, *Encyclopedia of Science, Technology and Ethics*, Gale, Cengage

第 1 章　研究倫理に関する世界の動向と日本の課題

Learning.（＝ 2012、科学・技術・倫理百科事典翻訳編集委員会『科学・技術・倫理百科事典』全 5 巻、丸善出版）.

・OECD/Global Science Forum, 2007, *Report on Best Practices for Ensuring Scientific Integrity and Preventing Misconduct*. （http://www.oecd.org/sti/sci-tech/40188303.pdf）

・Taubes, Gary, 1993, *Bad Science The Short Life and Weird Times of Cold Fusion*, Random House. （＝ 1993、渡辺正訳『常温核融合スキャンダル　迷走科学の顛末』朝日新聞出版社）.

・札野順、2008、「特別集会「ミスコンダクトが生じたら」第 2 講演　責任ある研究活動を促進するための国際的協力体制の構築を目指して――OECD Global Science Forum の活動を中心に――」『大気環境学会年会講演要旨集』49.

・加藤かおり、2011、「イギリス」『諸外国の大学教授職の資格制度に関する実態調査』（研究代表者羽田貴史、文部科学省先導的大学改革推進委託事業報告書）.

・松澤孝明、2014a、「諸外国における国家研究公正システム（1）基本構造モデルと類型化の考え方」『情報管理』Vol.56-No.10.

・－、2014b、「諸外国における国家研究公正システム（2）特徴的な国家研究公正システムモデルの比較分析」『情報管理』Vol.56-11.

・－、2014c、「諸外国における国家研究公正システム（3）各国における研究不正の特徴と国家研究公正システム構築の論点」『情報管理』Vol.56-12.

・宮田由紀夫、2013、『アメリカの産学連携と学問的誠実性』玉川大学出版部.

・中村征樹、2011、「研究不正への対応を超えて：リサーチ・インテグリティ・アプローチとその含意」『メタヒュシカ』42.

・日本学術会議学術と社会常置委員会、2005、『科学におけるミスコンダクトの現状と課題　科学者コミュニティの自律に向けて』.

・日本学術会議、2006、「科学者の行動規範」.

・東北大学高等教育開発推進センター編、2010、「学問的誠実性と研究倫理」『PDブックレット　すてきな大学教員をめざすあなたに』東北大学高等教育開発推進センター.

第2章　アメリカにおける不正行為への取り組み

宮田由紀夫（関西学院大学）

1. 不正行為の定義

　不正行為は Fabrication（研究データの捏造）、Falsification（研究データの改竄・偽造）、Plagiarism（論文の盗作・剽窃）の３つを合わせた"FFP"と定義されている。捏造は実験をしていない、すなわち存在しない研究結果のでっちあげである。改竄・偽造は実験データを書き換えたり、実験測定器具を操作して特定の値が出るようにすることである。盗作・剽窃は適切な引用をせず他人の研究論文の一部・全部を自分のものとして発表することである。

　不正行為とはみなされないが、学問的誠実性に反する行為としては次のものがある。"Trimming"は都合の悪いデータをカットすることである。他の観測値から大きく異なる「外れ値」を削除することは適切な場合もある。むしろ「外れ値」が平均値や回帰分析の結果に大きな影響を及ぼしてしまうこともある。しかし、仮説に合わない結果のみを選んで削除したりするのは問題である。「外れ値」の削除の方針は論文に明記すべきである。"Cooking"とは実験デザインを変えて都合のよいデータのみが出るようにすることである。実験そのものは正常に行われ、得られたデータも真正であるのでデータを捏造・改竄することに比べて罪悪感が小さい。"Fudging"とは論文の表現を変えて、研究結果を実際よりも見た目よくすることである。

　不正行為をあまり広く定義してしまうことは研究活動を委縮させてしまうので、後述のようにアメリカの規制では不正行為を FFP に限定していった。さらに、不正行為の定義ではデータの解釈の違いは含まれない。これを含んでしまうと研究者の創造的な活動の範囲を狭め、科学の発展を妨げてしまう。また不正行為には過失は含まれない。したがっ

て、不正行為は意図的でなければならない。この点、他人の特許・著作権を、存在も知らぬまま侵害してしまっても問題になる知的財産権とは異なる。ただ、過失を免責していると、たとえば、プロトコル（臨床試験実施計画）をうっかり守らなかったというのは、意図的であろうとなかろうと臨床試験被験者への影響を含めて深刻な結果につながるが、そのような行為が不正行為としては規制されないことになる。また、意図的か否かはわかりにくい。クリーブランド医療財団のシャーマ（Rameshwar Sharma）は政府からの研究助成金（グラント）申請書に誤りがあったことが指摘されたが、過失だと主張した。ミスを認識したのにすぐに修正しないことは本来は問題なのだが、結局、「問題なし」という裁定となった（Koppelman-White 2006）。

　不正行為が問題なのは、捏造・偽造された実験結果に基づいて政府資金が与えられることは、最終的には正しい研究成果にはつながらないので税金の無駄遣いとなるからである。不正行為による研究成果が出たことで他の研究者が追試を行ったり、有望だと誤解して研究を行うことになる。これらの研究費も国から出ている場合が多いのでやはり税金の無駄使いである。不正をした研究者に政府資金がまわされることで、まともな研究をしていた人が政府を資金が得られないことになるのはやはり資源の浪費である。

　一般に不正行為は科学者コミュニティ内部のことなので、刑事罰に問われることは稀である。不正行為を処罰する法律もない。しかし、捏造・偽造したデータで政府からのグラントを詐取するのは法律（False Claim Act）違反となりうる[1]。研究者個人が同法違反で刑事罰に問われたケースや監督責任を問われた勤務先の大学が国への払い戻しを求められたケースもあるが、不正行為は後述の利益相反と同様、法律違反として告発して司直の手に委ねることが難しいので、大学や研究者コミュニティで対策を講じなければならないのである。

2. 議会の介入

アメリカでは第2次大戦をきっかけに連邦政府から大学の基礎研究に資金が投入されるようになった。大学の基礎研究の成果が論文として発表されれば、それを読んだ企業の研究者が成果を実用化すると期待された。これは、大学の研究成果を活かす技術力を持つのがアメリカ企業だけの時代には適切な政策であった。しかし、1970年代に入り、日本やヨーロッパの企業が技術力をつけてくると、より直接的に大学の研究成果をアメリカ企業に移転することが求められた。1980年に成立し翌年から施行された「バイ・ドール法」は特許商標法の改正であり、大学は連邦政府資金で行った研究成果を特許にして企業にライセンスすることが認められた。こうして、産学連携が促進されるようになった。

しかし、産学連携が推進される中で、大学の研究成果は産業界にとって重要な経済的価値を持つので、研究成果は真正があることが求められた。さらに、産学連携が大学の研究者に金もうけのための不正行為を促しているのではないか、という疑念も持たれるようになった。財政難の連邦政府から大学への研究予算が頭打ちの中、大学での研究費の適切な使用が注目されるようになったが、アメリカでは1970年代後半から科学者の不正行為が相次いで報道され、1980年代に議会で公聴会が開かれた。不正行為にかかわった当事者が証言したこともあった。1982年にはブロードとウェイドによる『背信の科学者たち（*Betrayers of the Truth*）』が刊行され話題になった。

スローン・ケタリング研究所のサマーリン（William Summerlin）、ハーバード大学医学部のダーシー（John Darsee）、エール大学医学部准教授になったソーマン（Vijay Soman）など、業績をあげることにあせった若手研究者の不正を上司がチェックできなかった事例が明らかになった。研究室は規模が大きくなって、研究室の長の目が行き届きにくい。また、共著論文も多くなり、1人の研究者が論文全体の責任を持てなくなっていた。そうなってくると、業績をあげたい若手研究者が不正行為を行い、著名な研究者である研究室の長が論文の内容を充分にチェックをし

ないまま著者として名前を連ね、その名声によって論文が掲載されてしまうことになりかねない（査読審査では審査員が執筆者名はわかっていることが多い）。

　画期的な研究の場合は追試が行われるので不正は露呈されやすい[2]。1981 年に発覚したコーネル大学院生スペクター（Mark Specter）の場合は、腫瘍ウィルスに関する画期的な研究結果だったので、追試で同じ結果が出ない研究者らの要求でデータ開示を求められ、不正がすぐに発覚した。しかし、それほど注目されない場合は長い間、不正が暴かれない。何かのきっかけで不正を行った研究者は味をしめるという意味でも、同様の研究結果をあげ続けなければならないプレッシャーを受けるという意味でも、不正をくりかえす。その結果、昇進の審査などで、ひとつの不正が暴露され、調査をするとそれまでの研究のほとんどが捏造であったということにもなりかねない。

　1980 年代は「小さな政府」を標榜するレーガン政権は政府の支出の無駄遣いを問題にし、政府が使った大学研究費の納税者に対しての説明責任を求めた。レーガン大統領はカリフォルニア州知事時代に州立のカリフォルニア大学の学生運動を弾圧し、大学に敵対的であったが、レーガン政権は規制緩和の方針でもあったので、政権側からの大学への規制そのものはそれほど強くならなかった。代わって議会が規制を行おうとした。議会では保守派（共和党）は学生運動でラディカルで無秩序になった大学に対して批判的で、大学の自治能力に疑問を感じていた。一方、リベラル派（民主党）はもともとは大学に近く、公的資金による科学研究の推進にも積極的だが、その分、科学研究が誠実に行われていることを求めた。また、共和党に比べて民主党は問題解決のために政府が規制によって介入することへの抵抗感が薄かった。

　議会公聴会での全米科学アカデミーのハンドラー（Philip Handler）会長や国立衛生研究所（National Institutes of Health, NIH［それ自身も大きな研究施設を持つが、大学の生命科学の研究資金提供機関でもある］）のフレデリクソン（Donald Fredrickson）長官ら、当時の科学者側のトップ

第 2 章　アメリカにおける不正行為への取り組み

の弁明は、不正行為は例外的で、研究実績をあげなくてはならない若手の研究者の中で意志の弱い者が不正に走ってしまうというものであった。少数の意志薄弱なものの仕業で、大学の研究全般は病んでいない、問題があるとすれば研究プレッシャーであるというものである。これに対して、*New England Journal of Medicine* 誌のレニー（Drusmmond Rennie）は、科学者の受けているプレッシャーは炭鉱夫や水夫など世の中のすべての人が受けているプレッシャー以上でも以下でもない、としてプレッシャーに負けるということを不正の理由とすることを批判した（コーン1990、150 頁）。1983 年にはアメリカ科学振興協会（American Association of Advancement of Science, AAAS）のコンファレンスで学者のズィンダー（Norton Zinder）と前述のウェイドとが論争した。ズィンダーは、不正行為は一部の意志の弱い人物によるものという「腐ったリンゴ」的解釈に対して、ウェイドはシステムとして腐敗している「腐った樽」的解釈であったが、次第に後者が認められるようになった。若手によるものが多いとはいえ、一流研究機関で繰り返しおこる不正行為は、一部の不心得者の仕業でなく科学者コミュニティ全体の問題とも捉えられるようになってきた。

3.　不正行為の規制

　不正行為が刑事罰を問われるのはあくまでも例外的なので、議会は新たに法律を作って規制を行おうとする一方、大学側は議会の先手を打ってガイドラインを出した。1982 年にアメリカ総合大学協会（Association of American Universities, AAU）とアメリカ医科大学協会（Association of American Medical Colleges, AAMC）がそれぞれガイドラインを出して不正行為防止に各大学が取り組むべきだと述べていた（AAU 1982, AAMC 1982）。AAU は不正行為はこれまではインフォーマルに静かに処理されていたが、これからは大学がフォーマルに不正行為に取り組む必要があると主張した。ただ、これらのガイドラインにも関わらず各大学の取り組みは遅々としたものであった。

議会は大学コミュニティへの批判を強め、1985 年に Health Research Extension Act を成立させ、グラント（研究費）を出す保健福祉省（Department of Health and Human Services, DHHS）とグラントを受ける大学に不正行為対策を求めた。また以前から依頼されていたこともあったのだが、1986 年に DHHS 内の公衆衛生局（Public Health Service, PHS）が、1987 年に全米科学財団（National Science Foundation, NSF［わが国の文部科学省に相当する省庁]）がそれぞれ拘束力のないものだがガイドライン（US PHS 1986, US NSF 1987）を出したことで議会の追及も収まった。どちらも研究者の不正行為を防止するのは、所属する大学の責務としていた。ただ、定義について、PHS も NSF も FFP に加えて、科学者コミュニティで受け入れられている行為からの逸脱というのを含めていた（US Congress 1990, p.5）。AAU は他の大学団体とも協議して再び 1989 年にガイドラインを出した（AAU 1989）。ここでも、研究者の不正行為を防止するのは研究資金のスポンサー組織でなく、研究者の所属する大学であるということが再確認された。あくまでも自分たち大学が主導しての不正行為防止ポリシーを目指した。ただ、AAU は、PHS や NSF の不正行為の定義は広すぎるので、FFP を基にした AAU による 1982 年の定義が良いとも述べている。

　科学者コミュニティに受け入れられている行為からの逸脱を不正行為にしてしまうと、従前とは異なる研究アプローチや実験方法までも不正行為とみなされる恐れがあり、これは科学の創造的な発展の妨げとなりかねない。また、大学に資金援助する省庁間で不正行為の定義が異なるのも問題である。しかし、統一した定義づくりは難航したので、ホワイトハウスの科学技術政策室（Office of Science and Technology Policy, OSTP）が介入し、2000 年に FFP のみを不正行為とした（山崎 2002、61-62 頁）。OSTP の狭い定義が 2005 年から、政府内部ならびに政府資金を受けている研究者における不正行為の一般的な基準になった（USDHHS 2005）。

　1989 年春ごろまでにはトップクラスの研究大学のほとんどで不正行為ポリシーが作られた（Steneck 1994）。不正行為の告発があったら予備調

査を行い、不正が疑わしいと判断されたら、本調査に入り、不正が明らかになれば懲罰する。告発者は保護するが、不正が確認できず、悪意による（いやがらせのための）告発だと判断されれば告発者が処罰される。今日でも行われている規制の基本ができあがった。

　政府が規制をしそうになると、大学側がガイドラインを作る。これは政府の脅しとしては効果があるのだが、ガイドラインは拘束力が弱く、ガイドラインをもとに各大学が規則を作るので、実際の規制とその運用は大学次第となる。大学のガイドラインはまた、不正行為の防止よりも、告発後の手続きに重点を置き、被告発者からの異議申し立て制度も導入していた。

4. NIH の対応

　1986 年にはマサチューセッツ工科大学のイマニシ・カリ（Thereza Imanishi-Kari）が同僚のオトゥール（Margot O' Toole）によって論文捏造を告発された。カリの共著者が1975 年のノーベル賞受賞者のボルティモア（David Baltimore）同大大学教授であったため話題になった。1988 年に議会の公聴会が開かれた。ノーベル賞受賞者が絡んだ事件は大いに注目を集め、ボルティモア自身は告発されたわけではなかったが、イマニシ・カリを擁護したので批判が高まり、マサチューセッツ工科大学から転出して就任していたロックフェラー医科大学学長の職を在職 18 ヵ月で辞することになった。イマニシ・カリは 1994 年には後述の研究公正局（ORI）から 10 年間のグラント応募禁止という有罪判定を受けたが、1996 年、同省内の上訴委員会は無罪を評定した。ボルティモアも名誉を回復してカリフォルニア工科大学学長になった。

　イマニシ・カリ（ボルティモア）事件を受けて 1989 年、NIH 内部に科学公正局（Office of Scientific Integrity, OSI）と科学公正審査局 (Office of Scientific Integrity Review, OSIR) とが設立された。NIH には議会主導で組織を作られるより、自分たちが主導の体制をつくろうという思惑があった（Guston 2000, p.96）。前者が不正行為の審査、後者は OSI の監督と不

正行為防止の啓発活動を行うことになっていた。しかし、急遽、作ったのでいろいろと不備もあり、OSI は警察のように調査活動を執拗に行い科学者からの批判も強かった。前述のように 1980 年代後半には、大学も省庁も不正行為の防止策は大学が行うとしていたのに、OSI が介入してきたので大学側から反発があった。また、研究資金を出す機関である NIH の中で不正の管理もするのは組織上好ましくないとの批判もあった。

　そのため、1992 年に OSI と OSIR の 2 つの組織を統合した研究公正局（Office of Research Integrity, ORI）が設置された。また、DHHS の下に PHS があり、その下に NIH があるのだが、NIH の下に ORI を置くのでなく、PHS 長官直属で NIH と同列に置いたのである。当初、ORI は OSI と同様、告発を直接受け自ら調査していた。このため大学側からは好意的に見られず協力も得にくくかった。しだいに、調査と報告は大学に任せ、ORI は最終決定と制裁の実行を担当するとともに、啓蒙活動にも力を注ぐようになった。

　なお、DHHS 内部には、ORI でクロと認定された研究者が控訴する組織も設けられた。1992 年から被告発者が Departmental Appeals Board,（DAB）の Research Integrity Adjudications Panel（RIAP）での公聴会を要求できるようになった。DAB は基本的には PHS の側にあるのだが、DAB は不正行為は意図的なものでなければならない、ということを重視するようになった。この方針が 1993 年の著名なエイズ研究者のガロ（Robert Gallo）や 1996 年の、前述のイマニシ・カリへのシロ判定に影響を及ぼしたと考えられる（Institute of Medicine and National Research Council 2002, pp.169-170）。

　ORI に実際に届けられた結果であるが、1994 年から 2003 年において、1,777 件が ORI に不正行為の告発として届けられた。うち、予備調査・本調査に回ったのが 329 件、資金源が実際は他省庁だったので、そちらにまわされたのが 218 件、何の処置もされなかったのが 1,230 件である。告発されても不正行為とみなされないものが多いのである。予備調査の 94%、本調査の 96% が大学によって行われており、ORI 自身が調査する

のは僅かである。この期間に終了した259件の本調査では、133件（51%）が不正行為と認定され、126件（49%）が無罪となった。本調査に入っているものは不正の疑惑が強いものなので、本調査の結果では半分がクロの判定となる。不正行為となった133件のうち、捏造が22%、改竄・偽造が40%、剽窃が6%である。ただ、複数の不正行為の組み合わせもあり、捏造と改竄・偽造の組み合わせが27%、改竄・偽造と剽窃の組み合わせが4%、その他の組み合わせが1%である（Rhoades 2004, pp.4-7）。

Martinson, Anderson, and de Vries（2005）は、2002年の中堅・若手研究者からの自己申告に基づく調査結果である。自己申告なので過小に評価しなければならないが、露骨な捏造・改竄をしたというのはわずか0.3%である。一方、不適切・不充分な実験デザインとなると13.5%とかなり比率が高くなる。スポンサーの圧力で研究のデザインや方法、さらには結果まで変えるという（後述の利益相反の問題）は、15.5%とかなり比率が高い。さらに、研究を実際には行っていない不適切な執筆者を含めたという名誉執筆者は10.0%であり、不正確だと自分で主観的に判断した実験結果をデータから除外するというのは15.3%、実験記録が不充分というのは27.5%であった。

The Gallup Organization（2008）は、ORIから委託され、2003年から2005年の間に他人の不正行為（FFPに限定した狭義の不正行為）の疑惑を見聞きしたかという調査を行った。たしかな証拠は必ずしもないかもしれないが、「疑惑がある」ということである。回答率は52%で、回答者はベテラン教員（テニュア取得済）が9割を占める。2,212人のうち、164人がのべ202件の不正行為を見聞きした回答した。少ないようだが、年平均67件であり、2,212人の科学者の中で67件見つかるということは、3%である。非回答者はすべて不正行為を見ないというかなり甘い推定でも、全研究者からみれば1.5%ということになる。当時、NIHからグラントを受けている研究者は155,000人もいたので、その1.5%は2,335件に当たる。

捏造（Fabrication）と偽造・改竄（Falsification）をひとまとめとすると、これらが60%で、盗作・剽窃が35%である。不正行為を行っている

人（疑われる人）は、ポスドクが最も多く、次いでシニア教員で中間職は少ない。不正行為の発覚は「噂で聞いてから確認する」と「実験データを見て怪しいと思った」というのが多く、「不正の現場を目撃した」というのは少ない。やはり現場を押さえるというのは難しいのである。また、見聞きした不正行為のうち、回答者が告発したのが26.2%、第3者が告発したのが35.4%だが、誰にも告発されていないのも34.1%であった。この調査は不正行為疑惑を見聞きしたか尋ねたものであり、告発にまで至る証拠がないものがあるためであろうが、自分から告発するにはためらいが大きいことも示唆している。

5. 利益相反の規制

　利益相反とは大学教員が本来めざすべき目的（第一義的利益）の追究が、他の目的（第二義的利益）の追究によって妨げられることである。研究によって審理を追究するという教員の行動が金銭的利益によって影響を受ける、または第3者からそのように見られることである。

　1980年代には不正行為と利益相反が混在して理解されていた。1980年代に活発になってきた産学連携が、大学教員に金銭的利得の機会を増やすことで不正行為につながっていると考えられた。しかしながら、議会公聴会ではNSFのブロック（Erich Bloch）長官が不正行為は出世欲・名誉欲によることが多く、金銭的動機によるものは少ないという指摘するなど不正行為と利益相反とは同一とみなさない方がよいという意見がでてきた（US Congress 1989, pp.174-175）。はっきりした線引きは難しいが、不正行為は出世のために若手研究者によって犯されることが多いが、産学連携では企業は若手でなく実績のある教員に接触したいので、利益相反は一流教員ほど問題を抱えやすい。また、利益相反は捏造・改竄でなく微妙な研究デザインの変更や表現の手心につながることが多い。前述のCookingやFudgingである。大学の研究者としては、利益関係のある企業のための露骨な捏造・改竄を行うことは気が引けるが、研究のデザインを変更して都合のよい結果が出やすいようにすることは行い

やすい。たとえば、老人向けの薬なのに、臨床試験では健常な成年男子を参加させ、副作用が出ないようにするのである。または、同じ研究結果でも結論の部分での表現を変えることもおこりえる。

　不正行為については前述のようにOSIやOSIR、さらにそれを統合したORIの設置による制度作りが進んだ。利益相反は不正行為の規制とは別に扱われることになり、結局、直接の規制の対象にはならなかった。実際、利益相反のある研究者がデータを捏造・改竄した瞬間をとらえることは難しい。また、研究者の頭の中の思考はだれにもわからない。そこで、「利益相反は行為でなく状況」といわれる。すなわち研究者の言動が利害関係のある企業の影響を受けているのではないかと疑われる状況に研究者が自分の身を置くことが問題なのである。

　企業から資金提供を受けた研究結果が企業寄りになることは証拠が多い。Sismondo（2008）によれば2003年から06年に発表されたメタ分析（多くの論文から結論を出す分析）では、企業からの資金で行った研究のうち17件では、対象となった薬・治療法・器具が有効という結論になり、2件のみで「統計的にそうはいえない」という結果だったと報告されている。Bekelman, Li, and Gross（2003）もまた、37のサーベイ論文を比べて、企業スポンサーの研究は企業寄りと結論している[3]。さらに、文章表現も企業と利害関係のある論文は企業寄りになる（Golder and Loke 2008, Yanks, Rennie, and Bero 2007）。しかし、これらがどの程度、意図的かどうかはわからない。

　研究者の意図とは別に、企業がスポンサーの研究は企業寄りの結果が出やすい要因として次のことが考えられる（Campbell and Blumenthal 2008）。製薬会社はポジティブ（薬は有効）な結果が出そうな研究のみに支援を続ける。研究が始まる前の研究計画（プロトコル）の段階で、クチを出すか出さないかは別にして、少なくともポジティブな結果が出そうな研究を選んで支援する。とくに、効果の比較対象がプラセボ（偽薬）だったり、明らかに効果の低い薬だったりすればポジティブな結果が出やすい。また、処方量が多い研究計画は統計的に有意（効果があ

る）という結果になりやすいので、企業は支援したがる。また、研究途中でもネガティブな結果がでていれば研究支援を打ち切るので、仕上がって投稿される研究はポジティブなものになる[4]。さらに、企業は多くの研究機関での臨床試験のスポンサーとなり、ポジティブな結果がでた機関のものだけを用いる。長い期間データをとっても、一番都合のよい時期までのデータを使い、あとは無視するなどが考えられる。

　議会からの規制を望む声に押されNIHは1989年に、臨床試験を行う研究者が対象となっている製品のメーカーとの金銭的関係をすべて禁止するガイドラインの提案を行った。一般から意見を求めたところ700通余りの手紙が送られてきて10対1の比率で反対が多かった。そのためその案は撤回された（Palca 1990）。

　議会による規制に警戒感を持った大学コミュニティは自主的なガイドラインの作成を行った。1990年にアメリカ医科大学協会（Association of American Medical Colleges, AAMC）が、1993年にはAAUがそれぞれガイドラインを出した（AAMC 1990, AAU 1993）。具体的な対策はあげず、各大学がポリシーを作るときにはどのようなことを盛り込んだらよいかというアドバイスが主である。

　議会は1993年にNational Institutes of Health Revitalization Actを成立させ、その中で研究者と組織（大学）における利益相反が、NIH資金での研究にバイアスを生じさせないようにする規制を設けることを定めた。それを受けて1995年にNIHは大学向けの規制を発表した。そこでは、NIH資金を受ける研究者は、研究結果が影響を与える可能性のある企業と重大な利害関係があれば届け出ることになった。「重大な利害関係」とは、1万ドル以上の価値を持つ株式、または1つの企業の株式保有の5％超、ならびに向こう1年で1万ドル以上を超える報酬（コンサルティング料、スピーチ謝礼など）である。未公開株の保有については5％という枠によって規制されていた。研究者本人だけでなく、配偶者と扶養している子弟は含まれる。

　NIHのガイドラインの発布がきっかけになって大学はNIHからの資金

による研究だけでなく、研究全般についての利益相反ポリシーを設けた。基本的な方針は、教員が大学に企業との利害関係を届け出る。その届出に対して、大学が管理（マネジメント）を行う。具体的には、利害関係のある教員はプロジェクトに参加させない、参加させるが第3者による管理を厳格に行う、教員に企業との関係を清算してもらう、のいずれかを行うのである。しかしながら、実際の届出は杜撰であることが次第に明らかになってきた。

グラッスリー（Charles Grassley、共和党、アイオワ州）上院議員のスタッフが20の大学で教員が届け出ている利害関係と、企業側から得たコンサルタント料支払いのデータを照合したところ両者の間に食い違いがあることが明らかになった。グラッスリー議員はコール（Herb Kohl、民主党、ウィスコンシン州）上院議員と共同で、Physician Payments Sunshine Actを提案した。これは、製薬会社、医療機器メーカーに対して、大学研究者だけでなく開業医への宣伝のための接待も含めて、いかなる金銭的支払いでも10ドル以上のものは開示させるものである。怠った場合、一件につき過失ならば1万ドル、故意ならば10万ドルの罰金である。法案は結局、2011年にオバマ政権の目玉である国民全体への医療保険適用を進める医療改革法の一部として成立した。利害関係を開示する、すなわち「太陽の光にさらすことが一番の消毒薬」ということで、「サンシャイン条項」と呼ばれた。皮肉なことにグラッスリー議員は医療保険制度には反対だったので、この法案には反対した。

さらに、2012年にNIHのガイドライン「重大な利害関係」の定義が変更された。向こう12カ月に予想される企業との関係が届け出の対象だったのが、過去12カ月の実績になった。届出免除になる企業との利害関係の上限が1万ドルから5,000ドルに低減された（厳しくなった）。非上場企業の株は株価がわからないので、1995年の規制では総数の5％であったのが、今回は保有していればすべて届出の対象となった。さらに、大学に届けられた利害関係はこれまでは第3者には非公開だったが、1万ドルから1万9,999ドルといったような範囲での表示だが大学がウェブで

公開するようになった。保健福祉省内の食品医薬品局（Food and Drug Administration, FDA）の新薬承認審議会のメンバーと医薬品メーカーとの利益相反も問題になり、その規制も厳しくなった。過去20年の利益相反対策が形骸化しているとの認識から、全体としてここ数年、利益相反の規制は厳格化の方向である。

7. まとめと残された課題

　アメリカでの不正行為は企業との連携が深まると教員が金銭的利益のために不正を働くという単純な図式ではない。利益相反は企業との結びつきの強いベテラン教員が露骨な捏造・改竄ではなく、もっと微妙な方法で企業寄りの結果を出す。捏造・改竄・剽窃という狭義の不正行為は研究費獲得、業績アップを狙った若手研究者間の競争によるものであることが多い。研究者の頭の中はわからず、企業へのバイアスが発生した現場を押さえることは難しいので、利益相反に関しては、疑われるような状況に身を置かない、利益関係は届け出るというポリシーが設けられている。ただ、過去20年の運用が杜撰であったので、ここ数年は厳格化の方向である。

　一方、不正行為に関しては対象を捏造・改竄・剽窃に限定し、不正行為の対処としては告発、予備調査、本調査、抗弁のプロセスが設けられている。研究者間の競争は望ましいが、研究費獲得・出世の競争のプロセスの中で不正行為が生じてしまう。アメリカは連邦政府が潤沢な研究資金を大学に供給してきたが、それに伴って大学の研究者も増えているので、研究費獲得競争が激しい。1960年代のような「高等教育の黄金時代」は再来しないであろうから、不正行為の誘因はこれからも大きいといえよう。

　不正行為では研究者を取り巻く内外の環境（大学のフォーマルな規則だけでなく規範・雰囲気、学科内・研究室内での競争、外部資金など大学を取り巻く環境）と、個人の資質とのどちらが重要かというのは議論が続いている。内外の環境の中でもどれがどの程度重要かというのも明

確な答えが出ていない。不正行為の防止と告発されてからの手続き・ルールの整備と周知、組織の規範・雰囲気ならびに師弟関係の改善、研究者へのフォーマルな倫理教育など総合的な対策が求められている（Institute of Medicine and National Research Council 2002）。

　不正行為や利益相反は、国からも企業からも多額の研究費が流入する生命科学分野で問題視され対策も講じられてきた。ところが、経済学の分野での利益相反も実は深刻であったことが、2008 年の「リーマンショック」で露呈した。生命科学と同様、金融機関との利害関係のある教員が金融商品の規制に反対する論陣を張っている。経済学に関して生命科学ほどの利益相反ポリシーがなく、医学部教授と製薬会社との関係では考えられないことが、金融機関と経済学教授との間では認められてしまっていることは、*Inside Job* というドキュメンタリーフィルムのインタビューでハーバード大学の経済学部長（John Campbell）が質問に立ち往生してしまっていることからみてとれる。

　さらに、経済学の場合にはイデオロギーの役割が大きい。経済学は「社会科学の女王」としてノーベル賞の一分野となり、自然科学に近い価値判断から自由な客観的学問と思われている、また経済学者がそう思い込んでいるが、実際にはイデオロギーに基づいている。自然科学でも自説に合わない結果を無視し、合致するものだけを取り上げて論評することが起こるが、経済学の場合、保守派市場万能主義とリベラルなケインジアンのそれぞれが自説に合った事例だけを取り上げたり、自説に合った結果が出るよう、回帰分析で独立変数を入れ替えることが可能である。金銭的利害関係はなくても、自分のイデオロギーに合わない、自分の名声を傷つけることを嫌う、ということから自説に合わない事実や実証分析を受け入れない、発表しないことは、学問的誠実性に反する。それはまた、現実の経済政策に大きな影響を及ぼし、社会への影響は生命科学に劣らず大きい。経済学者の学問的誠実性と利益相反はアメリカでも日本でも生命科学と同じように考察され、防止のためのポリシーを築かなければならない。

【注】

1）もともとは南北戦争の時、劣悪な武器や馬を北軍に売りつける業者を取り締まるために制定された．

2）わが国での2014年のSTAP細胞論文をめぐる不正行為疑惑も同論文が「ノーベル賞級」の発見だったので疑義がすぐに呈されたと考えられる．

3）Perlis et al（2005），Friedman and Richer（2004），Ridker aned Torres（2006），Stelfox et al（1998）などを参照．

4）金銭的利害関係がなくても、研究者は言われていたほどの効果がないことを示すネガティブな論文よりも、新しい治療法を見つけたというポジティブな論文を書きたがる．これは学術雑誌がポジティブな論文を掲載したがるためだと考えられている（ICMJE 2004）．しかし、実際の調査によればネガティブな論文も多く掲載されている．*Journal of American Medical Association (JAMA)*誌への投稿論文の中ではポジティブが51.4%、ネガティブが45.7%、どちらともいえないが2.8%だったが、掲載された論文での比率はそれぞれ58.6%、38.3%、3.0%で、投稿数に比しての掲載数の比率（採択率）はそれぞれ20.4%、15.0%、19.0%である．ポジティブな論文の採択率はやや高いが統計的に有意な差というほどではなかった（Olsen et al. 2002）．

5）Charles Ferguson（2010）*Inside Job*, Sony Pictures Home Entertainment Inc. 第83回アカデミー賞長編ドキュメンタリー部門受賞．

【参考文献】

・コーン、A.(酒井シズ・三浦雅弘訳)、1990、『科学の罠』工作舎（Korn, A., 1986, *False Prophets : Fraud and Error in Science and Medicine*, London : Basil Blackwell）.

・ブロード、W.、ウェイド、N.（牧野賢治訳)、2006、『背信の科学者たち』講談社（Broad, W. and Wade, N., 1982, *Betrayers of the Truth: Fraud and Deceit in the Halls of Science*, New York : Simon and Schuster）.

・宮田由紀夫、2013、『アメリカの産学連携と学問的誠実性』玉川大学出版部.

・山崎茂明、2002、『科学者の不正行為』丸善.

・AAMC（Association of American Medical Association）, 1982, *The Maintenance of High*

第2章 アメリカにおける不正行為への取り組み

Ethical Standards in the Conduct of Research, Washington, D.C.; Association of American Medical Colleges.

・AAMC, 1990, Guidelines for Dealing with Faculty Conflicts of Commitment and Conflicts of Interest in Research, *Academic Medicine*, Vol. 65 (No.7) : 487-496.

・AAU (Association of American Universities), 1982, *Report of Committee on the Integrity of Research*, Washington, D.C.: Association of American Universities.

・AAU, 1989, *Framework for Institutional Policies and Procedures to Deal with Fraud in Research*, Washington, D.C.: AAU.

・AAU, 1993, *Framework Document on Managing Financial Conflicts of Interest*, Washington, D.C.: AAU.

・Bekelman, J. E., Li, Y. and Gross, C. P., 2003, Scope and Impact of Financial Conflicts of Interest in Biomedical Research: A Systematic Review, *Journal of American Medical Association*, Vol.289 (No.4) : 454-465.

・Campbell, E. G. and Blumenthal, D., 2008, Industrialization of Academic Science and Threats to Scientific Integrity, In Emanuel, E. J., Grady, C., Crouch, R. A., Lie, R. K., Miller, F. G., and Wendler, D. (eds.), *The Oxford Textbook of Clinical Research Ethics*, Oxford: Oxford University Press.

・Friedman, L. S., and Richter, E. D., 2004, Relationship Between Conflicts of Interest and Research Results, *Journal of General Internal Medicine*, Vol. 19 : 51-56.

・The Gallup Organization, 2008, *Final Report: Observing and Reporting Suspected Misconduct in Biomedical Research, Washington*, D.C.: Office of Research Integrity, US Department of Health and Human Services.

・Golder, S. and Loke, Y. K., 2008, Is There Evidence for Biased Reporting of Published Adverse Effects Data in Pharmaceutical Industry-Funded Studies? *British Journal of Clinical Pharmacology*, Vol.66 (No.6) : 767-773.

・Guston, D. H., 2000, *Between Politics and Science: Assuring the Integrity and Productivity of Research*, Cambridge: Cambridge University Press.

・ICMEJ, 2004, Clinical Trial Registration: A Statement of International Committee of Medical Journal Editors, *New England Journal of Medicine*, Vol. 351 (No.12) : 1250-51.

55

- Institute of Medicine, National Research Council of the National Academies, 2002, *Integrity in Scientific Research : Creating an Environment That Promotes Responsible Conduct*, Washington, D.C.: National Academies Press.

- Kalb, P. E. and Koehler, K. G., 2002, Legal Issues in Scientific Research, *Journal of American Medical Association*, Vol.287 (No.1) : 85-91.

- Koppelman-White, E., 2006, Research Misconduct and the Scientific Process: Continuing Quality Improvement, *Accountability in Research*, Vol.13 : 225-246.

- Kuzma, S. M., 1992, Criminal Liability for Misconduct in Scientific Research, *University of Michigan Journal of Low Reform*, Vol.25 (No.2) : 357-421.

- LaFollette, M. C., 1992, *Stealing into Print : Fraud, Plagiarism, and Misconduct in Scientific Publishing*, Berkeley: University of California Press.

- Martinson, B. C., Anderson, M. S., and de Vries, R., 2005, Scientists Behaving Badly, Nature, Vol.435 : 737-738.

- McCarthy, M., 2007, US Scientists Press Congress to Boost NIH Funding, *The Lancent*, Vol. 369 (March 31) : 1071.

- Monastersky, R., 2008, Hidden Payments to University Researchers Draw New Fire, *Chronicle of Higher Education*, Vol. 55 (No.10) : A13.

- Olson, C. M., Rennie, D., Cook, D., Dickersin, K., Flanagin, A., Hogan, J. W., Zhu, Q., Reiling, J., and Pace, B., 2002, Publication Bias in Editorial Decision Making, *Journal of American Medical Association*, Vol. 287 (No.21) : 2825-2828.

- Palca, J., 1990, NIH Conflict-of-Interest Guidelines Shot Down, Science, Vol. 247 (January 12) : 154-55.

- Perlis, R. H., Perlis, C. S., Wu, Y., Hwang, C., Josephp, M., and Nierenberg, A. A., 2005, Industry Sponsorship and Financial Conflict of Interest in the Reporting of Clinical Trials in Psychiatry, *American Journal of Psychiatry*, Vol. 12 (No. 10) : 1957-1960.

- Rennie, D., 2008, The Obligation to Publish and Disseminate Results, In Emanuel, E. J., Grady, C., Crouch, R. A., Lie, R. K., Miller, F. G., and Wendler, D. (eds.) T*he Oxford Textbook of Clinical Research Ethics*, Oxford : Oxford University Press.

- Resnik, D. B., 2008, Fraud, Fabrication, and Falsification, In Emanuel, E. J., Grady, C., Crouch,

第2章 アメリカにおける不正行為への取り組み

R. A., Lie, R. K., Miller, F. G., and Wendler, D.（eds.）*The Oxford Textbook of Clinical Research Ethics*, Oxford : Oxford University Press.

・Rhoades, L. J., 2004, *ORI Closed Investigations into Misconduct Allegations Involving Research Supported by the Public Health Service : 1994-2004*, Washington, D.C.: Office of Research Integrity, US Department of Health and Human Services, September 2004.

・Ridker, P. M. and Torres, J., 2006, Reported Outcomes in Major Cardiovascular Clinical Trials Funded by For-Profit and Not-for-Profit Organizations: 2000-2005, *Journal of American Medical Association*, Vol. 295（No.19）: 2270-2275.

・Shamoo, A. E. and Resnik, D. B., 2009, *Responsible Conduct of Research, 2nd Edition, Oxford* : Oxford University Press.

・Sismondo, S., 2008, Pharmaceutical Company Funding and its Consequences : A Qualitative Systematic Review, *Contemporary Clinical Trials*, Vol. 29: 109-113.

・Stelfox, H. T., Chua, G., O'Rourke, K. and Detsky, A. S., 1998, Conflict of Interest in the Debate over Calcium-Channel Antagonists, *New England Journal of Medicine*, Vol. 338（No.2）: 101-106.

・Steneck, N. H., 1994, Research Universities and Scientific Misconduct : History, Policies, and the Future, *Journal of Higher Education*, Vol. 65（No.3）: 313-320.

・Stossel, T. P., 1994, *Beyond CFRI : Research Funding and The National Institutes of Health*, <http://www/cfri.org/94fall/res194f.html>

・US Congress, 1981, *Fraud in Biomedical Research*, Subcommittee on Investigations and Oversight of the Committee on Science and Technology, House of Representatives, 97th Congress, First Session, April 1, Washington, D. C.: US Government Printing Office.

・US Congress, 1989, *Is Science for Sale?: Conflicts of Interest vs The Public Interest*, Hearing before the Subcommittee on Human Resources and Intergovernmental Relations of the Committee on Government Operations, US House of Representatives, 101st Congress, First Session, June 13, 1989, Washington, D.C.: US Government Printing Office.

・US Congress, 1990, *Maintaining the Integrity of Scientific Research*, Summary of a Hearing before the Subcommittee on Investigations and Oversight of the Committee on Science, Space, and Technology, US House of Representatives, H702-1, 101st Congress, First Session,

Washington, D.C.: US Government Printing Office.

· US DHHS (Department of Health and Human Services), 2005, *Public Health Service Policies on Research Misconduct : Final Report,* Washington, D.C.: US Department of Health and Human Services.

· US NSF (National Science Foundation), 1987, *Research Misconduct,* Washington, D.C.: National Science Foundation, 45CFR Ch.VI, Part 689.

· USPHS (Public Health Service), 1986, *NIH Guide for Grants and Contracts,* Washington, D.C.: US Department of Health and Human Services.

· Yank, V., Rennie, D., and Bero, L. A., 2007, Financial Ties and Concordance Between Results and Conclusions in *Meta-Analyses : Retrospective Cohort Study, British Medical Journal, Online First,* <doi:10.1136/bmj.39376.447211.BE.>

第3章　アメリカにおける技術移転機関の倫理

五島　敦子（南山大学）

1. はじめに

　本稿では、アメリカの技術移転機関をとりまく倫理的問題を歴史的に探求する[1]。事例として、ウィスコンシン大学同窓会研究財団（Wisconsin Alumni Research Foundation : WARF）をとりあげ、大学発特許がもたらしてきた光と影を照射したうえで、近年の社会貢献活動を紹介する。そのねらいは、技術移転機関が学問的誠実性から逸脱しないために何が必要かを考察することにある。

1-1. 技術移転機関と大学発特許をめぐる問題

　技術移転機関（Technology Licensing Organization : TLO）は、大学で生まれた発明を特許化とライセンシングによって民間企業等へ技術移転する組織であり、産と学の仲介役の役割を担っている。TLO は新規事業の創出による収益を研究資金として大学に還元することで、研究を活性化させる。研究成果が特許化されていると、特許の使用許諾を受けた企業を絞り込むことができ、資金を投入しやすくなる。他方、特許権を取得すれば、学術研究には無償で使用を許諾するが商業的開発には有償とするなど、目的別に許諾条件を変えられるし、同一分野で特許権を持つ機関との交渉を有利にできるため、基礎研究を円滑にできる。また、ライセンシーを監督することで品質管理ができるために優良な製品を提供でき、社会を豊かにする。したがって、大学発特許は、大学に収入をもたらすのみならず、広い意味では社会貢献にもつながる（隅藏 2011）。

　しかし、特許権を行使することによって他者の研究開発が妨げられれば、社会の発展が阻害される。たとえば、特許取得のために結果の公表を控えたり、研究資金を提供する企業にとって不利な研究結果やデータ

の公開を遅らせたりする秘匿行為が起こりうる。また、特許化できる研究が優先されるなど、金銭的動機によって研究の方向性にバイアスが入るといった利益相反が起こりかねない。利益相反は違法行為ではなく、不正行為とは別に扱われるが、科学コミュニティの倫理規範にそぐわない不適切な行為に結びつくことがある（宮田 2013）。

　アメリカでは、バイドール法が制定された 1980 年代以降、研究の商業化がすすむとともに倫理的問題が表面化してきた（Blumenthal 1992；Washburn 2005）。日本でも、国立大学法人化とともに、大学発特許による競争力強化が一層推奨されるにつれて、さまざまな問題が明らかとなってきた。たとえば、遺伝子治療薬開発に携わった研究者が未公開株を取得して株式上場後に巨額の富を得たり、大学の臨床研究のデータ収集に製薬会社の営業担当者が関与したりするなど、大学が担うべき学問的誠実性を揺るがす不適切な行為が報告された（平田 2006）。

　日本学術会議は、これらの問題に対処するために検討を重ねてきたが、2013 年 1 月に公表された声明「科学者の行動規範について―改訂版―」では、不正防止にとどまらず、「科学者が社会に対する説明責任を果たし、科学と社会、そして政策立案・決定者との健全な関係の構築と維持に自覚的に参画すると同時に、その行動を自ら厳正に律するための倫理規範」を強調した。さらに同年 12 月には、研究活動における不正の防止策と事後措置について、行動規範教育の必修化などの実効性のある制度を提言した[2]。

1-2. 歴史的理解の必要性と WARF への注目

　行動規範教育については、これまで、アメリカの取り組みが紹介されてきた（齋藤 2008；山崎 2013）。しかし、不正防止のためのティップスが中心であって、そうした問題がなぜ生まれてきたのかに関する歴史的言及は少ない。アメリカの産学連携は、国家主導ではなく、地域貢献を使命と考える大学や研究者の自発的な関わりから発展した。そのため、大学発特許は個人的な金銭的利益が目的ではなく、地域産業保護を求める

第 3 章　アメリカにおける技術移転機関の倫理

地域の声を反映した場合も少なくない。したがって、目前の不正防止手段を学ぶだけでなく、行動規範が求められてきた経緯を長期的視野から学ぶことで、倫理的問題の争点や複雑さを理解する必要があるだろう。実は、アメリカでは大学発特許がもたらす倫理的問題に関して、1980 年代の議論とほぼ同じ論点は、すでに 1930 年初頭に提示されていたとされるが（上山 2010）、バイドール法の成立過程研究は進んだものの（Mowery et al. 2004；宮田 2002；2011）、それ以前の歴史的展開は詳らかではない。

　本稿はこうした課題意識から、WARF を事例として、技術移転機関の倫理的問題の歴史的経緯を探求するものである。WARF は、ウィスコンシン大学での研究成果の実用化を支援する非営利財団として 1925 年に設立された。アメリカでの最も早い大学発特許は、カリフォルニア大学バークレー校コットレル教授が取得した静電気除塵装置の特許である。コットレルは、カリフォルニア大学に特許管理を求めたが、拒絶されたため、大学を去って 1912 年にリサーチ・コーポレーション（Research Corporation：RC）を設立した。RC は、1980 年代まで大学発特許を管理する中心であったが、特定の大学と連携したわけではない。これに対し、WARF は、法律的には大学外の組織であるが、運営においてウィスコンシン大学と密接な関係をもつ点で、RC と異なる。他大学でも WARF をモデルとして同様の機関が作られたものの、特許の商業化はあまり発展しなかった。ところが、WARF は、世界恐慌時にも特許収入によって大学の研究活動を支え、戦後はバイドール法成立に寄与し、近年はヒト ES 細胞研究をリードして、研究・教育・アウトリーチを結ぶ組織を構築している（五島 2012）。WARF に注目するのは、このように絶えず革新を遂げ、アメリカ産学連携を先導してきたからである[3]。

　WARF は、大学発特許がもたらす倫理的課題にどのように対処し、今日まで継続できたのだろうか。以下では、この課題を明らかにするために、まず、科学者が大学発特許の社会的意義をどのように考えて WARF を設立したかを解明する。次に、WARF の発展とともに、いかなる倫理

的問題が生起したのかをみる。最後に、今日との連続性を明らかにし、WARF が学問的誠実性から逸脱しないために、いかなる方策をとっているかを示す。そのねらいは、今日にいたる大学発特許の倫理的問題の起源を示すとともに、それを乗り越えるための糸口を見出すことにある。ただし、WARF は民間組織という性質上、史料公開をしていないうえ、沿革史にはネガティブな情報がほとんど記載されていない。そのため、先行研究とアーカイブズ所蔵文献を活用して上記の課題を探求していく。

2. WARF の設立過程

2-1. WARF 設立の背景――政治的抗争のなかで

アメリカの産学連携は、19 世紀後半にモリル法で設立された州立大学が、地域経済の発展を担うために農学・工学研究の実用化を図ったことに遡る。19世紀末から20世紀初頭は第一次プロパテント時代といわれ[4]、研究の特許化が進んだが、特許は個人や企業がもつものと考えられた。第一次大戦後になると、カーネギー財団やロックフェラー財団などの民間財団や産業資本家が科学研究に乗り出し、自ら研究所を設置するとともに、大学にも企業と関連の深い研究所を付設したり、研究資金を供与したりした。そのため、大学側でも、発明の所有権問題への対処が求められた。ただし、大学の研究成果は広く社会に普及させるべきであるという考えから、大学発特許の取得には慎重であった。

そうしたなかで、ウィスコンシン大学で、他に先駆けて TLO が設立された直接的契機は、1924 年に、スティーンボック教授（Harry Steenbock）がビタミン D 濃縮技術を開発したことである。紫外線照射によって食品や薬品のビタミン D を増量できる画期的な技術は、当時、蔓延していた「くる病」を予防する重要な発見であった。彼は、それ以前にもビタミン A の特許取得を希望していたが、大学側の動きが遅かったために、特許化を逃した苦い経験があった。そこで、シカゴのコンサルタント会社に相談して、特許を管理する学外組織の設立を農学部長のラッセル（Harry L. Russell）と大学院研究科長のスリッター（Charles S. Slichter）に訴え

62

た。彼らは、スティーンボックのアイディアに賛同し、同窓生の有力者たちに連絡をとって WARF を設立するよう説得し、1925 年 4 月に大学評議会で WARF 設立が提起され、同年 5 月に設立計画書が提出された。

　同窓生たちが WARF 設立に動いた要因として、ウィスコンシン州の政治的事情がある。同州では、1901 年に革新主義政治家で知られるラフォレットが州知事に当選し、政治腐敗禁止法、累進所得税、銀行規制、資源保護、労働立法など数々の政治改革が行われた。ヴァンハイス学長が率いるウィスコンシン大学の教授たちは、専門家として立法および行政の各種委員会の顧問を務め、ラフォレット政権を支えた。ところが、第一次大戦参戦に対する賛否に関して意見が分かれ、州政府と州立大学の良好な関係に亀裂が生じた。第一次大戦後、ラフォレット派の州知事は、大学院教育や科学研究はエリート主義的とみて研究費の大幅な削減を求めた（Culotta 1968；五島 2008；2013）。

　大資本の寡占を否定するラフォレット派の大学理事たちは、大学が大資本から研究資金を受けることにも否定的であった。たとえば、ローヴェンハート教授（Arthur S. Loevenhart）の梅毒研究に対して、ロックフェラー財団が設立した一般教育委員会（General Education Board）から12,500 ドルの補助金供与が持ち上がったさい、大衆を巻き込んだ大騒動となった。新聞各紙は、財団の金を「汚れた金」と批判し、大学とビッグビジネスの結びつきを攻撃した。大学理事のなかでも意見が分かれ、投票の結果、1925 年 8 月に、大学は財団や企業からの資金供与を拒絶するという決議が採択された（Cronon & Jenkins 1994）[5]。

2-2. WARF 設立——研究の自立性と地域産業の保護

　研究資金の枯渇は、大学の科学研究にとって大問題であった。決議に憤慨した同窓生たちは、安定的な研究資金を求めるラッセルとスリッターの依頼を受け入れ、WARF 設立に協力した。しかし、学内では、特許化は金儲け主義につながるとして、設立の是非をめぐって議論が戦わされた。設立に反対する人々は、特許化できる研究ばかりが重視される

危険があるうえ、州税で行われる研究成果に対してロイヤリティを受け取ることは、公益に反すると批判した（Weiner 1986；1987）。

　これらの批判に対し、当時、アジア太平洋諸国を訪問していたラッセルは、日本の理化学研究所の成功を目の当たりにし、特許収入によって研究の自立性を確保することが重要であると反論した。高額な研究費を州税で賄うことこそ公益に反するから、自立的な費用によって賄われるべきだという考えである。また、中国では安価な代替物に駆逐された繊維産業が競争力を欠いているのに対して、日本の産業保護政策が効力を発揮していることに注目し、州の主要産業である酪農業の競争力強化には特許管理が必要であると述べた。すなわち、ラッセルは、特許は地域産業を保護し、節税になるという点で、究極的には州民の生活を守ると説明したのである（2013 五島）。

　ラッセルの主導のもと、1925 年 11 月に、非株式・非営利の民間財団として WARF 設立が認可された。スティーンボック特許が最初に認可された 1928 年以降、合計 5 件の特許について WARF が契約を管理した。1927 年にすでに契約を結んでいたクウェーカー・オーツ社の他に、1929 年までに 5 企業と提携を結んで莫大な利益を得た。特許管理の業務が増えたため、1930 年には、ラッセルが大学を退職して WARF 専任所長に就任した。これにより、特許管理はラッセルが担い、研究費の資金配分は大学院研究科長のスリッターが担うという体制が作られた。スティーンボックは、大学に籍を置く科学者としてその後も大学発特許の開発に携わった。スティーンボックは、当初、ロイヤリティの受け取りを拒んだが、後続する発明者の権利を守るという考えから、受け取りを承諾した。WARF は、特許の発明者にライセンス収益の 15％を提供し、残りの 85％の収益を運用して大学に研究資金を提供した。

　世界恐慌後の 1930 年代には、他大学が資金不足で疲弊するなか、WARAF の豊富な研究資金によって研究環境を整えた。たとえば、連邦資金が滞った 1933・1934 年度の 2 年間に、WARF は、317,000 ドルの研究資金を大学に提供した（表 1）。1972 年にノーベル化学賞を受賞したス

表1 ウィスコンシン大学に対する WARF と連邦政府の補助金

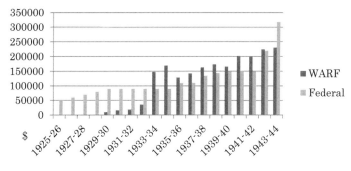

(Fred, 1973, pp.24-25 より作成)

タンフォード・ムーア（Stanford Moore）は、ヴァンダービルト大学卒業後、ウィスコンシン大学でWARFからフェローシップを得て1938年に博士号を取得したように、WARF資金は優れた若い研究者を呼び込んだ (Jordan 1976)。実は、WARFにとって、人材養成は重要なねらいのひとつであった。寒冷な気候で資源に乏しいウィスコンシン州では、優秀な人材を州内にとどめ、産業を活性化させることが必要だったからである。

2-3. ライセンシングの二面性―州民の利益とは何か

WARFは研究資金の重要な供給者となったが、ライセンシングのあり方は批判の的となった。多数の企業がビタミンD濃縮技術を望んだにもかかわらず、WARFは一部の企業に特許契約を限定したからである。

スティーンボックがライセンシーを限定した理由のひとつは、科学研究の成果を正しく応用することで、州民の健康を守るためだった。スティーンボックは、かつて、バブコック教授が発明した脂肪分測試験薬が特許をとらなかったために粗悪品が横行したことを踏まえ、特許をとれば、ライセンシーを監督することで安全な使用方法が普及すると考えた。したがって、WARFは、企業が適正に特許を利用しているかを監督するため、実験所を建設して商品テストを繰り返したり、間違った宣伝

がなされないように広告を調査したりして、品質管理を徹底した。

　もうひとつの理由は、ウィスコンシン州の酪農産業を守るためであった。以前のビタミンA添加技術の件で、スティーンボックは特許取得に後れをとり、カリフォルニアのマーガリン製造業者がビタミンA添加技術を容易に得てしまった。そこで、WARFは、ビタミンDについては、マーガリン製造業者との特許契約を拒み、ライセンシーを酪農業者に限定した。もともと、1880年代からウィスコンシン大学は、農業生産性向上のためにさまざまな農業拡張事業を行ってきた。ラッセルも農業拡張部長を兼任し、自ら農場に出向いて農業指導をしていた。したがって、スティーンボックやラッセルに限らず、州立大学が州の酪農産業に貢献する義務を負うという考えに抵抗はなかったようである。

　しかしながら、WARFは、製薬会社5社と契約する際、最低価格を定めたうえで、ライセンサー、ライセンシー、特許所有者の合意がなければ、新たな契約を結べないという条件を加えた。これにより、新たな企業の参入が妨げられ、既得権をもつ企業に利益が集中した。クエーカー・オーツ社へのロイヤリティも、当初は5,000ドルであったが、徐々に高くなり、最後には60,000ドルとなったように、ライセンスの独占と引き換えに吊り上げていった（Apple 1989/1996）。

　WARFは、特許を用いた商品の使用方法や販売先までも細かく定めた。たとえば、1938年に無糖練乳製造業者と結んだ契約では、ライセンシーがビタミンD添加無糖練乳を他の製造業者に再販することを禁じた。このため、ロイヤリティを賄える大企業5社のみが潤い、州内の零細酪農業者は恩恵を受けることができなかった。結果として、ビタミンDを添加したバターや乳製品の価格は高止まりし、バターを買えない貧困層が病の脅威にさらされたという（Maisel 1948）。

　1937年にWARFはカリフォルニアの企業を特許侵害で訴えたが、逆に、相手企業からスティーンボック特許の有効性について訴訟が起こされた。紫外線照射によってビタミンDが増量する技術は「発明」ではなく「発見」とみなされるので、特許として認められないとする訴えであ

る。以降、約 10 年にわたって泥沼のように訴訟が続いたが、これがきっかけとなり、1943 年に反トラスト局長である連邦司法次官補が、WARFを独占禁止法違反で提訴した。1930 年代以降、アメリカでは、世界恐慌の原因が大企業による市場の独占にあったという反省のもと、特許を抑制する反トラスト法を強化していた。WARF の提訴は、こうしたアンチパテント時代の反トラスト政策の機運を背景にしたものであった。

　反トラスト局長の提訴の内容は、1）ビタミン D の価格、含有量、薬理の統制を独占的に支配して大衆の利益を阻害している、2）商業的利益が得られない研究には関心を示さない、3）競争を排除するためにドイツやイギリスの企業と国際カルテルを組織して価格を吊り上げている、4）WARF の計画はライセンシーの研究活動を阻害する、5）政府に対して不当に高額なロイヤリティを要求している、6）農民はビタミン添加動物飼料を独占市場から購入するよう強いられている、など、合計 12 項目にわたった（Cohen 1971）。WARF は、1943 年にスティーンボックの 5 件の特許のうち 2 件を開放し、1946 年までに残り 3 件も開放して、すべての訴訟は終結した。

3.　WARF 成功の光と影

3-1.　WARF の成功

　1945 年にはスティーンボック特許の最初の有効期限が切れたが、第二次大戦後は、リンク（Karl Paul Gerhard Link）が発明したワルファリンの特許が新しい資金源となった。WARF 資金の用途は、当初、研究補助金、フェローシップ、実験設備などであったが、戦後は多様に使われた。たとえば、大戦直後は、退役軍人援護法によって急増した学生の受け入れが必要となり、数多くの校舎や住宅が求められたことに対処した。1934 年からスリッターの後を継いで研究科長となったフレッド（Edwin Broun Fred）は、1945 年に学長となり、WARF の活動をさらに発展させるよう同窓生に呼びかけた。彼は、質の高い教員を確保するため、150 世帯を収容できる教職員住宅の建設資金を WARF から得た。また、それま

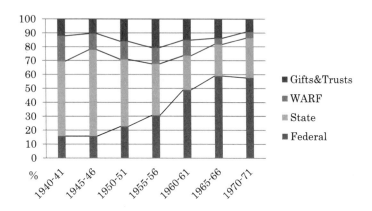

表2 ウィスコンシン大学の研究資金源の割合

(Budged Office, July, 1972, Fred, 1973, pp.24-25 より作成)

で自然科学分野に限定していたフェローシップを社会科学分野にも開放して、ウィスコンシン大学の研究活動を学際的に発展させた（五島2014）

1950年代初頭は、朝鮮戦争後の景気後退や反共産主義の影響により、研究活動が脅かされる状況に遭遇したが、WARFは州や連邦助成の不足を補って大学を支えた。1960年代以降は、連邦研究資金が増加したため、相対的にWARF資金が占める割合は低くなった（表2）が、連邦・州政府とのマッチングファンド方式で校舎や実験設備を次々と建設するなど、柔軟に運用された（Cronon & Jenkins 1999）。

WARFの研究費は、1928年以降、順調に増えていった（表3）。1925年から1972年までに、WARFは、収益を得られる38件の特許を管理していた。といっても、10万ドル以上の収益を生み出したのはそのうち3件だけであるから、諸費用を考えると、それほど収益性が高いわけではない。多額の金額を供給できた理由は、ロイヤリティというよりも、その運用益にあった。運用を担ったのが、WARF理事たちである。理事の資格は、ウィスコンシン大学に2年以上在学した卒業生であることだが、いずれもビジネスで成功した富豪や政治的指導者といった各界の著名人ば

第 3 章　アメリカにおける技術移転機関の倫理

表3　WARF からウィスコンシン大学に提供された補助金

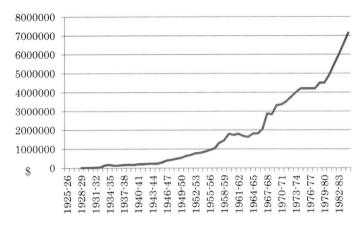

(Fred, 1973, pp.24-25 および Schoenfeld, 1986, Appendix K より作成)

かりであった。創立時の理事 7 人のうち 3 人が 30 年以上も理事を務め、1972 年までの 47 年間に会長職に就いたのは 6 人だけであったように、長期にわたって運営に参画した (Fred 1973)。

3-2. 成功の舞台裏――The Capital Times の記事

　WARF 理事は、確かに母校愛に富むポリシーを継承し、安定した発展に貢献した。しかし、政財界の有力者が長期に携わったことは、各種事業の公益性について疑惑を生んだ。疑惑の詳細は、1971 年 5 月 10 日から 14 日の 5 回にわたり、地方新聞である The Capital Times[6] に掲載された。

　この記事は、コーエン (Edward D. Cohen) の調査報告 (Cohen 1971) に依拠していた。コーエンは、1960 年代後半に活動した消費者運動家グループであるネーダーズ・ライダーズの一員である。ネーダーは、1960 年代に自動車の安全性について自動車会社を相手取って消費者運動を起こして勝利した。当時、ネーダーの運動に刺激された若い消費者運動家たちはネーダーズ・ライダーズと呼ばれ、政府や産業界の環境、福祉、健康、政治腐敗などの問題点を次々に告発した。コーエンは、こうした

69

運動家の一人として、WARF の調査を行って報告書をまとめた。

　疑惑のひとつは、WARF の投資活動の問題である。WARF は、特許収入の一部を財団が永続的に利用するための基本金として保有した。基本金は、国債、株式、不動産などの形で保有したので投資活動を伴う。長期的な資産の保護が目的であるから、当然、安全な運用が求められる。ところが、WARF の場合、きわめて投機的な資産運用が行われたという。たとえば、1968 年には、ユニケア・ヘルス・サービス社の転換社債2,500 株を購入後 3 週間で売却して 300％の利益を得たり、ナショナル・ヘルス・エンタープライズ社の普通株 5,500 株を 3 か月後に購入額の 5 倍で売却したりした。その他にも、投機的な株式売買が盛んに行われたが、投資先が公衆衛生や健康サービス産業ばかりであったことから、製薬や医療業界に詳しい WARF がインサイダー情報を得たのではないかと推察している。理事は政財界の大物だけに、さまざまな情報にアクセスできた可能性はある。ただし、当時の WARF ディレクターは否定しており、法的には追求されていない。

　もうひとつの疑惑は、ウィスコンシン・デルズ開発の問題である。ウィスコンシン・デルズは豊かな景観をもつ渓谷で、1930 年代に観光資源を求める乱開発が問題となったため、自然保全をめざしたクランドール家が川沿い一帯を購入して保有していた。しかし、1954 年に相続税問題から手放すことを決め、商業開発から自然を守り景観を保全することを条件に、WARF が寄付を受けた。ホテル、ボート会社、ツアー会社、先住民が儀式を行う円形劇場などを含む 1,000 エーカー以上の土地である（George 1956）。WARF は、近隣地区を買収して 1,800 エーカーの土地を確保した。当該地域は、現在、ウオーターパークやアトラクションを有する中西部有数のリゾートエリアとなっている。

　WARF の観光業への参入には賛否両論があった。天然資源保護に貢献したという評価がある一方、デルズ開発に関わった WARF 関係者が共和党有力者たちだったことから、環境保全を名目にした高級リゾート開発に加担していると批判されたのである。WARF は、既存のボート会社と

協定を組んで共同運航やチケットの共通販売を行うとともに、切符売り場を好立地に確保したが、これにより、新規参入を試みたボート会社が排除されたという。また、先住民族を安価な賃金で働かせ、団体交渉権を認めなかったとして提訴されたりもした。

このような投資活動や観光業は営利活動であるので、非営利組織としての公益性に反するし、その収益に対して免税の特典を受けることは問題があるというのが、コーエンの指摘である。攻撃された WARF は、これらの記事は不確かで誤った情報に依拠しており、敵意に満ちた侮辱であるとみて黙殺した。ただし、WARF60 年史では、デルズ開発への補助金はわずかにすぎないと弁明するものの、「ぼったくりの観光業者」のイメージを持ってしまったと省みている（Schoenfeld 1986）。

3-3. 反トラスト法違反

アンチパテント政策が続く 1970 年代において、ライセンシングに積極的だった WARF は、たびたび反トラスト法違反で提訴された。

1965 年には、5FU(フルオウラシル) の件で提訴された。5FU は、ウィスコンシン大学のハイデルベルガー教授（Charles Heidelberger）によって開発された抗がん剤である。WARF は、研究資金を供与していたホッフマン・ラ・ロッシュ製薬と独占的にライセンス契約を結び、製薬会社が抗がん剤の生産販売を開始した。しかし、5FU の開発には、公衆衛生局とアメリカがん協会の研究資金も投入されていたため、公衆衛生局は、WARF の排他的ライセンスが反トラスト法に抵触するとして研究成果の所有権を主張した。結局、ハイデルベルガー教授の 5 つの特許から得られる収益の 5 分の 1 は公衆衛生局に帰属するという判決が下された（Cronon & Jenkins 1994）。

1970 年には、ウルスター・プロセスの件で提訴された。ウルスター・プロセスは、ウルスター教授（Dale E. Wurster）が開発した薬などのコーティング技術であるが、シャーマン法のグランドバック条項に抵触するとされた。技術供与に関して、ライセンシーによる改良成果のライセン

スをライセンサーに譲渡するよう強制しているという訴えである。排他的ライシングは、ライセンシーに改良技術を利用させないことでライセンシーの研究開発意欲を損なったり、開発した技術を自由に流通させることを妨げたりするとみなされた[7]。地方裁判所は、WARF にグランドバックで得た特許を開放するよう言い渡し、WARFは、該当する特許が1件のみであったので、控訴せずに判決に従った（Schoenfeld 1986）。

3-4. 組織改革とバイドール法

1972 年に、内国歳入庁は、WARF に対して、上記のような事業活動は営利活動であるとして免税待遇の取り消しを求めた。

この背景には、1960 年代に、好景気を受けて富の蓄積が進行し、財団の設立件数が増えたことがある。なかには、財団を隠れ蓑にして蓄財したり、保有会社の議決権付き株式を自分の管理する財団に移して当該会社の経営権を維持したりするなど、不正な行為を行うところがあらわれた。そこで、税優遇策を濫用した税制の抜け穴をなくそうとする世論が高まり、1969 年には、民間財団の投資リターンが永久的に5％であると想定し、少なくとも純資産の5％相当の金額を非営利活動に支出する義務を負うこととなった。さらに、毎年の税務申告と同時に投資からの純所得の4%を税金として納める特別税を課すことを規定した。その他にも自己取引の禁止やロビー活動等政治的活動の禁止など、民間財団に対する内国歳入庁の監督業務を強化する規定が盛り込まれた（網倉2011）。この改正によって民間財団への監視が強まり、WARF が提訴されたわけである。

最終的には、提訴は取り下げられ、WARF は非営利組織の待遇を維持できたが、税制改革や歳入庁の提訴により、これまでの組織の改革が促された。前述したデルズ開発にかかわるボート会社やツアー会社などは、WARF 全額出資によって課税対象となる営利企業としてそれぞれ独立した。各種の研究所も次々に独立した。すでに 1969 年に、1930 年以来、スティーンボック特許製品の実験を担ってきた研究開発実験所は、WARF

研究所（WARF Institute Inc.）として独立していた。WARF 理事で WARF 研究所の理事長を務めたケレット（William R. Kellet）は、マディソン北部で米空軍が所有していた余剰地を獲得し、軍用施設を実験施設に改造した。ここには、世界中の企業、科学者、政治指導者が多種多様な食品や薬の実験を依頼しにきたという。このほか、ビタミン D 濃縮技術を用いて、手術後の鼻腔栄養が必要な患者のための流動食製造を得意とする企業（WARF Vitamin Concentrates Inc.）が設立された。

　1970 年代においても、投資は WARF の最も重要な活動であったが、第一次石油危機での投資の失敗を経て、1978 年には「投資のガイドライン」に関する覚書を明らかにし、資産の保全を見据えた長期・短期のバランスのよい資金運用にすべての理事が責任をもつことを明示した。

　この時期の WARF は、バイドール法制定に向けた活動にも大きく貢献した。周知のように、本法は、連邦政府資金で研究開発された発明に対して大学や研究者が特許権を取得することを認める法律である。WARF の特許顧問であるブレマー（Howard Bremer）は、1960 年代から大学が特許を保有できる組織別特許契約（Institutional Patent Agreement : IPA）の認可をもとめて保健教育福祉省と全米科学財団に働きかけた。1970 年代には、議会に出向いてバイドール法制定を陳情した。本法制定後、WARF の特許取得は急増し、1983 年には新しい資金配分の規定がつくられた。特許収入のうち、発明者には 20%、発明者が所属する学科には 15% が与えられ、残りの 65% を WARF が運用した。特許取得を奨励するために発明者に 1,000 ドルを提供するという施策もとられた。こうした施策の結果、1985 年までの 60 年間に 448 件の特許を取得し、1 億 669 万ドルを大学に提供した（Schoenfeld 1986）

4.　まとめにかえて――続く論争

　以上の WARF 設立期からバイドール法制定までの概観をまとめると、以下のようになる。WARF は、政治的事情に左右されない自立的な研究活動を切望する大学研究者たちによって 1925 年に設立された。世界恐慌

期にも莫大な研究資金をもたらし、優秀な人材を確保してウィスコンシン大学を生物・化学研究の先端研究機関に位置付けた。けれども、アンチパテント政策が強化されるなかで、WARFのライシングが反トラスト法に抵触するとして提訴された。第二次大戦後もたびたび提訴されたほか、投機的な投資活動やリゾート開発への関与が非難の的となった。こうした点は、州民の健康を守るという当初の理想にもかかわらず、富裕な既得権層の利益に供したことを示している。地域産業保護という点では、莫大な利益によって産業振興には寄与したが、零細企業が必ずしもその恩恵を受けたわけではなかった。

1970年代のWARFは、こうした数々の批判にさらされたことから、自らガイドラインを定めて組織改革を行うとともに、大学発特許によるライセンシングの利益を幅広く享受しやすくなるように連邦政府および科学コミュニティに働きかけ、バイドール法成立に寄与していった。

4-1. ヒトES細胞株をめぐる展開

WARFに対する賛否の議論は、今日も繰り返されている。直近の事例は、1998年にトムソン教授（James A. Thomson）が世界ではじめてヒトES細胞株の生成に成功したことにかかわる展開である。WARFは、2011年までに2,300件の特許を持ち、そのうち1,600件で特許契約を結び、総額12億4,000万ドルの研究資金を大学（UW-Madison）に提供してきた。2011年度だけでも5,100万ドルを大学に提供したが、「中西部の奇跡」（Mark 2004）といわれた2000年代の成長は、ES細胞研究の発展によるところが大きい。

WARFは、ES細胞研究を発展させるために、WiCellという非営利研究所を設立し、ウィスコンシン大学システム全体で技術移転をすすめるWiSysという研究財団を設立した。WARFはトムソン教授が作成した細胞株のみではなく、それを分離する手法を含めた広範な特許群を管理した。2001年8月には、ブッシュ大統領が倫理的問題から連邦資金によってヒトES細胞を新たに創り出す研究を禁止したが、既存の細胞株には適

第3章　アメリカにおける技術移転機関の倫理

用されなかったため、WARF が所有する細胞株の引き合いが高まった。これをきっかけに、WARF は、研究開発に協力してきたジェロン社を訴えた。ジェロン社には 6 種類の細胞株について商業ライセンスの独占的権利を与えていたが、ジェロン社がさらに 12 種類の細胞株の権利も要求したためである。2002 年に和解が成立し、ジェロン社の権利が定められた。そのさい、ジェロン社は自社の協力企業に対して未分化の細胞株を渡すことはできるが、それ以外の企業に細胞株を渡すことができないことが定められるとともに、大学等の研究者にはロイヤリティを支払うことなく WiCell から入手できるようになった（隅蔵・竹田 2011）[8]。

　この行為に対して、二つの見方がある。ひとつは、細胞株を大学等での研究ツールとして広く普及させたことを、高く評価する立場である。WARF の行為は、ジェロン社の独占権を必要最小限にとどめ、研究成果の社会還元の妨げとなる契約を阻止したからである。マテリアル・トランスファーにおいて使用方法を定めることで、細胞株の利用目的を明確にすることができるため、医学研究に起こりやすい研究倫理問題からの逸脱を阻止できるという利点もある。特許化が技術の社会的利用を促進しながら品質管理を可能にするという考えは、スティーンボックが州民の健康を守るために特許化をすすめた文脈と同じである。

　もうひとつは、ツールマテリアル提供者が、使用者の改良成果について排他的権利を主張しているとして、批判的にとらえる立場である。WARF は、企業に高額なロイヤリティを課し、研究成果の過程で作られたマテリアルの使用を制限した。これはライセンシーの研究開発を阻害し、経営難をもたらす。実際に、ジェロン社は、2011 年に経営難から幹細胞の製品開発から撤退した。これに対し、マテリアルにアクセスしやすい環境にある州内の研究者は、新たにスタートアップ企業を起こす機会に恵まれる。これは、スティーンボックが酪農業保護のためにマーガリン業者を締め出した経緯と同じである。州産業の保護という点では理解できるが、州立大学といっても連邦資金にも依拠していることを考えれば、行き過ぎた保護は排他的で公正を欠く。

75

以上のどちらの見方も、スティーンボック特許以来、WARF に向けられてきた評価や批判と機軸を同じくするもので、正否を安易には判断できない。WARF は、これまでみたように、設立当初から社会の批判にさらされつつ、大学発特許がもつ光と影の部分を往還してきた。そのたびに、自らの活動を顧みて修正し、それぞれの時代に合った適切な制度や法体系の確立の尽力してきた。これが、WARF が長期にわたって継続しえた理由のひとつであろう。

4-2. 今日の WARF──研究の推進と研究成果の社会還元

　特許化を担う TLO が学問的誠実性から逸脱しないためには、特許化が社会的なデメリットを生じないかを検討する必要がある。日本学術会議知的財産検討分科会「科学者コミュニティから見た今後の知的財産権制度のあり方」（2010 年 8 月）によれば、大学は「保有する特許群を見直し、研究成果を広く普及させると同時に研究成果に基づく製品やサービスを社会に送り出して研究成果の社会還元を行うという科学者コミュニティの使命と照らし合わせて、適切なものが特許化されているか否かという観点から」判断することを求めている [9]。不要な発明が特許化されたり、排他的な契約であると認められたりする場合には、それらを維持しないという判断が必要である。その際の判断の根拠は、「研究の推進と成果の社会還元の最大化」が可能かどうかである。

　今日の WARF は、「細胞から社会へ（From Cells to Societies）」をモットーに、バイオテクノロジーの研究成果を社会に発信することに力を入れている。2006 年に WARF が主導して設立された Wisconsin Institutes for Discovery は、ウィスコンシン大学大学院が統括する Wisconsin Institute for Discovery と、民間非営利研究機関である Morgridge Institute for Research という二つの研究組織で構成され、相互に連携・協力しながら、技術移転を促進している。2010 年に建設された新しい施設は、開放エリアと研究施設を結ぶフレキシブルな空間づくりを行い、「科学の可視化」をテーマに、多様な人々が集い、科学が身近に感じられる空間設計がなされて

いる。そこでは、タウンセンターという名称で、技術移転のワン・ストップ・サービスを提供するとともに、科学のみならず、文学、社会科学、芸術など多様な領域の出会いを創出する教育プログラムを、子どもから成人まで幅広い人々に開放している（五島 2012）。

　以上のように、今日のWARFは、技術を移転するだけでなく、研究開発と社会還元を同時にすすめることで、幅広い視野から研究成果の社会的意義を再考する機会を提供している。すなわち、TLOが学問的誠実性から逸脱しないためには、大学発特許が誰の利益を守るべきかに対して、科学者が自覚的でなければならいことを示している。大学発特許の研究成果がどのように社会に受け入れられるかを科学者自身が確認する場が必要といえよう。

【注】

1）本稿は JPSP 科研費（23330222）（24530982）の成果として、以下の報告をもとに作成した；第35回大学史研究セミナーのシンポジウム口頭発表（2012年10月20日、横浜市立大学）および「1920〜60年代アメリカの州立大学と地域——ウィスコンシン大学同窓会研究財団の歴史的展開」『大学史研究』第26号（掲載予定）.

2）日本学術会議（2013）「科学者の行動規範——改訂版——」、日本学術会議科学研究における健全性の向上に関する検討委員会（2013）「研究活動における不正の防止策と事後措置——科学の健全性向上のために——」

3）WARF に関する先行研究は、五島（2010）を参照.

4）南北戦争終結後から世界恐慌が襲った1930年までを、アメリカでは第一次プロパテント時代と呼ぶ．その後から1970年代がアンチパテント時代に相当し、徹底した反トラスト政策が実施された．1980年代以降が第二次プロパテント時代とされる.

5）この決議は、グラディ理事の提起であったことから、グラディ決議（Grady Resolution）といわれる．ラフォレット政権と対抗する州知事が当選して大学との関係が改善された1930年まで保持された.

6）第一次大戦反対に賛同する記者が Wisconsin State Journal に対抗して1917年に創

刊した地方新聞で、2008 年以降は Web 版のみとなった.

7）グランドバックライセンスは、1970 年代までは批判されていたが、今日ではライセンスを促進する点が評価されており、少なくとも非排他的グランドバックライセンスは認められるべきだという（宮田 2013）.

8）2009 年 3 月には、オバマ大統領により政府がヒト ES 細胞の研究を支援する旨の大統領令が出され、その後、国立衛生研究所（NIH）から新たなガイドラインが策定された.

9）日本学術会議科学者委員会知的財産検討分科会「科学者コミュニティから見た今後の知的財産権制度のあり方について」

【参考文献】

・網倉章一郎、2011、「米国議会とプライベート・ファウンデーション──プライベート・ファウンデーションのフレームワークの形成──」『城西国際大学紀要』19（1）, pp.1-31.

・Apple,R.D.,1989, "Patenting University Research, Harry Steenbock and the Wisconsin Alumni Research Foundation," *ISIS*, 80 : 375-394.

・Apple,R.D., 1996, *Vitamania : Vitamins in American Culture*, New Brunswick: Rutgers University Press.

・Blumenthal, D., Epstein,S., and Maxwell,J., 1986, "Commercializing University Research: Lessons from the Experience of the Wisconsin Alumni Research Foundation," *The New England Journal of Medicine*, 314（25）:1621-1626.

・Blumenthal,D.,1992, "Academic-Industry Relationships in the Life Sciences: Extent Consequences and Management," *JAMA*, 268（23）: 3344-3349.

・Cohen,E.B.,1971, "The House That Vitamin D Built: The Wisconsin Alumni Research Foundation, Report Prepared for the Center for a Responsive University," WARF Files, The University of Wisconsin Archives（UW Archives と表記）.

・Culotta,C.A.,1968, "Research and Funding at the University, 1914-1933," WARF Files, UW Archives.

・Cronon,E.D. and Jenkins, J.W., 1994, The University of Wisconsin : *a history, Volume 3*,

Madison : The University of Wisconsin Press.

・Cronon, E.D. and Jenkins, J.W., 1999, *The University of Wisconsin : a history, Volume 4*, Madison : The University of Wisconsin Press.

・Fred, E.B., 1973, *The Role of the Wisconsin Alumni Research Foundation in the Support of Research at the University of Wisconsin*, Madison: Wisconsin Alumni Research Foundation.

・George, R.ed., 1956, "WARF acquires more Wisconsin Dells property," *Wisconsin Alumnus*, 57 (14) :11-12.

・五島敦子、2008、『アメリカの大学開放―ウィスコンシン大学拡張部の生成と展開』学術出版会 .

・五島敦子、2010、「アメリカ産学官連携史研究の予備的考察――WARF 設立と日米交流に注目して」加藤詔士・吉川卓治（編著）『西洋世界と日本の近代化――教育文化交流史研究』大学教育出版、pp.22-40.

・五島敦子、2012、「アメリカにおける開放型の産学官連携施設」『アカデミア人文・自然科学編』4、南山大学、pp.11-24.

・五島敦子、2013、「1920 年代アメリカにおける産学連携組織の形成過程」『教育史研究室年報』19、名古屋大学大学院教育発達科学研究科教育史研究室、pp.49-70.

・五島敦子、2014、「第二次大戦後アメリカの大学における成人学生の受容過程」『社会教育学研究』50 (1)、日本社会教育学会、pp.31-39.

・平田容章、2006、「研究活動にかかわる不正行為」『立法と調査』No.261, pp.112-121.

・Jordan, W.R.ed., 1976, *WARF : Fifty Years*, Madison : Wisconsin Alumni Research Foundation.

・上山隆大、2010、『アカデミック・キャピタリズムを超えて――アメリカの大学と科学研究の現在』NTT 出版 .

・Maisel, A.O., 1948, "Combination in Restraint of Health," *Reader's Digest*, 52 (310) : 42-45.

・宮田由紀夫、2002、『アメリカの産学連携』東洋経済新報社 .

・宮田由紀夫、2011、『アメリカのイノベーション政策』昭和堂 .

・宮田由紀夫、2013、『アメリカの産学連携と学問的誠実性』玉川大学出版部 .

・Mowery, D.C., Nelson, R.R., Sampat, B.N., and Ziedonis, A.A., 2004, *Ivory Tower and Industrial Innovation : University-Industry Technology Transfer Before and After the Bayh-Dole*

Act in the United States, Stanford : Stanford University Press.

・齋藤芳子、2008、「米国における大学院生向け研究倫理教育コースの設計」『名古屋高等教育研究』8、pp.117-136.

・Schoenfeld, C., 1986, *The WARF STORY, The Wisconsin Alumni Research Foundation: Sixty Years of Research and Realization, 1925-1985,* Madison : Tamarack Press.

・隅藏康一、2011、「知的財産権と生命倫理」青木清・町野朔（共編）『ライフサイエンスと法政策　医学研究の自由と規制──研究倫理指針のあり方──』上智大学出版、pp.185-206.

・隅藏康一・竹田英樹（編著）、2011、『幹細胞の特許戦略』発明協会.

・Tatge, M., 2004, "Miracle in the Midwest," *Forbes,* May 24 : 120-128.

・Weiner, C., 1986, "Universities, Professors, and Patents : A Continuing Controversy," *Technology Review,* 89 (2) : 33-43.

・Weiner, C., 1987, "Patenting and Academic Research, Historical Case Studies," *Science, Technology, & Human Values,* 12 (1) : 50-62.

・Washburn, J., 2005, *University Inc.: The Corporate Corruption of Higher Education,* New York : Basic Books.

・山崎茂明、2013、『科学者の発表倫理──不正のない論文発表を考える』丸善出版.

第 4 章　英国における研究データの公開と学問的誠実性
　　──イースト・アングリア大学気候研究部門の
　　　メール流出事件──

田中　正弘（弘前大学）

1. はじめに

　研究データの収集には、多大な労力と金銭が必要とされる。それらが
ビッグデータとなれば、個人での収集はもはや不可能に近い。そして、
研究データの収集が困難であればあるほど、それらのデータにアクセス
できる学者に研究のアドバンテージが自動的に付与されることになる。
このアクセスの不平等さは、研究者間に妬みや疑念を生じさせる原因と
なり得る。その良い例が、英国「イースト・アングリア大学」（Uni-versity
of East Anglia : UEA）に設置された、「気候研究部門」（Climatic Research
Unit : CRU）が管理している、世界各地における気温変動の年次データ
へのアクセス問題である。

　本稿は、CRU のメール流出事件を参考に、研究データの公開に関する
学問的誠実性について、議論してみたい。特に、UEA の依頼により組織
された、ラッセル・レビューチームの報告書（2010）「The Independent
Climate Change E-mails Review」を引用して、英国における研究データの
「公開性」（openness）の在り方に関するコンセンサスを分析したい。

2. メール流出事件の概要

　2009 年 11 月、UEA のメールサーバーが何者かによってクラッキング
（不正侵入）され、CRU のメンバーの 1,000 通を超える私的なメールが、
許可無く一般に公開された。このメールの無断公開は、同年 12 月にデン
マークのコペンハーゲンで開催された、人為的な温室効果ガス（二酸化
炭素）の排出規制を議論する、「第 15 回気候変動枠組条約締約国会議」

の直前であったことから、この会議への悪影響を期待した悪意ある行為であったと思われる。事実、公開されたメールは断片的で、CRU の研究活動の信頼性に疑問を抱かせる内容が、前後の文脈を無視して抽出されていたのである。とはいえ、人為的な地球温暖化に懐疑的な人々（温室効果ガスの排出規制で不利益を被る政治家や資本家を含む）にとって、格好の攻撃の的となり、CRU の研究活動および姿勢に非難が向けられた。公開されたメールは、1996 年 3 月 7 日〜 2009 年 11 月 12 日に、CRU のメンバーが送受信したもので、その内容は大きく三つに分類できる。

① 研究データの不正操作が疑われる内容のメール
② 人為的な地球温暖化論に懐疑的な論文の採択や引用を阻害したことが疑われる内容のメール
③ 人為的な地球温暖化論に懐疑的な研究者によるデータ提供の依頼を無視した内容のメール

「①研究データの不正操作が疑われる内容のメール」で、特に耳目を集めたものは、CRU の部門長であったフィリップ・ジョーンズ（Philip Jones）が、1999 年 11 月 16 日に、人為的な地球温暖化論の先導者であるマイケル・マン（Michael Mann、米国ペンシルバニア州立大学教授）に送った、下記のメールである。

　　私は、過去 20 年間（1981 年以降）の各地の実際の気温変化と、キース・ブリッファ（CRU の副部門長）が（年輪推定で）算出した 1961 年以降の気温変化から温度低下のデータを隠すため、マイケル・マンの『Nature』に掲載された論文のトリックを、援用し終えたところです。（Russell, et. al. 2010 : 32）

このメールの内容で問題とされたのは、（人為的地球温暖化論を支持する研究者にとって好ましくない）1961 年以降の温度低下のデータをマンが

Nature の論文で用いた「トリック」で隠した、と解釈できることである。なお、マンの Nature の論文とは、Mann, M.E., Bradley, R. S. and Hughes, M.K. (1988) "Global-scale Temperature Patterns and Climate Forcing over the Past Six Centuries", *Nature*, 392, 779-87. である。この論文において、マンは 1400 年から 1998 年までの世界各地の気温変化を分析し、20 世紀の気温が過去にないレベルで急上昇していることをグラフで示すことで、20 世紀の気温上昇は自然現象ではなく、人為的活動に起因する可能性が高いと主張した (Mann, et. al. 1998)。なお、マンは翌年に公表した論文「Northern Hemisphere Temperature during the Past Millennium : Inferences, Uncertainties, and limitations」で、過去千年間の気温データを用いても、20 世紀の気温上昇は異常だと、再度論じている (Mann, et. al. 1999)。

　マンの論文で提示された 11 世紀以降の気温のグラフは、19 世紀までの気温変化が平坦で、20 世紀に急激に上昇するという、アイスホッケーのスティックを横に置いた形に見えるために、ホッケースティック曲線と呼ばれるようになった。この曲線は、地球温暖化の原因に関する、現代科学の英知の集約として公表された、「気候変動に関する政府間パネル」(Intergovernmental Panel on Climate Change : IPCC) の第 3 次評価報告書 (2001) に掲載された。よって、当時の多くの研究者の同意を得たものであった。さらに、ホッケースティック曲線は古気候学の素人でも容易に理解できることから、多くの人々に引用されている。例えば、アメリカ副大統領のアル・ゴア (Al Gore) は、著書『不都合な真実』でホッケースティック曲線を根拠に、人為的な温室効果ガスの早急な削減を声高に叫んでいる (Gore 2006)。これらの扇情的な本の出版やマスメディアの宣伝などによって人為的地球温暖化の議論は政治化の様相を帯びていく。

　このように、専門家だけでなく、一般人の注目も集めていた古気候学研究者が、研究データの不正操作をした疑いがあるというニュースは、大々的に報じられ、CRU のメンバーおよび交流のある研究者の研究成果の検証が求められる事態となった。実際、CRU の研究成果（特にデータの補正の方法）の検証が、アーネスト・ロナルド・オックスバラ卿（Lord

Ernest Ronald Oxburgh）を座長とした専門グループによって行われた。さらに、イギリス議会下院の科学技術委員会やイギリス気象庁などが独自調査を始めるなど、検証に関わる機関は広範囲に及んだ。そして、先記したラッセル・レビューチームも、独自の視点から、CRU の活動を検証した。なお、これらの検証結果は、いずれにおいても、CRU に研究データを不正操作した疑いは存在しないと結論づけられた。

　同じく、「②人為的な地球温暖化論に懐疑的な論文の採択や引用を阻害したことが疑われる内容のメール」に、例えば、2003 年 3 月 11 日に、ジョーンズがマンに送ったものがある。このメールによると、オゾン層破壊や地球温暖化の懐疑論者である、ウィリー・スーン（Willie Soon）とサリー・バリウナス（Sallie Baliunas）の論文「Proxy Climatic and Environmental Changes of the Past 1000 Years」が『Climate Research』に採択されたことへの苦情（あるいは脅迫）を、ジョーンズがこの雑誌に送付しようとしたことが分かる。

　　　私は、地球温暖化懐疑論者が、この論文を彼らの目的（懐疑論の喧伝）のために使うと思います。もしこの論文が批判されないのなら、古気候学を後退させてしまいます。私は、この雑誌宛に、ニュージーランドの有名な懐疑論者で厄介な編集者（クリス・デ・フレイタス）を解任しないなら、今後一切協力しないとメールで伝えます。CRU の研究者が（雑誌の）理事になっているものの、投稿論文は、（懐疑論者の）ハンス・フォン・シュトルヒ（編集長）に選ばれた編集者によって審査されます（Russell, et. al. 2010 : 65）。

　スーンとバリウナスの論文は 4 名の査読者によって審査されているが、この 4 名の査読者は誰一人として不採択の判断をしなかった。そして、10名いる編集委員の一人であるデ・フレイタスによって、採択の決定がなされている。ところが、この論文には深刻な欠陥があるとの（ジョーンズも含めた）指摘への反発として、一部の査読者が、その地位を辞退する

などの騒ぎが起こった。さらに、雑誌の出版社も、論文出版の前に編集者が適切な修正をしておくべきだったと、自らの非を認めるような声明を出した。これらの騒ぎに代表される、地球温暖化論の否定行為への風当たりの強さを、デ・フレイタスは、まるで魔女裁判や（異端者に対する残酷冷徹な判決を下した）スペイン宗教裁判のようだと表現した（Russell 2010 : 65）。なお、デ・フレイタス自身も、編集者の肩書を自ら降ろしている。この騒動の裏で、ジョーンズが何らかの工作をしていた可能性が、メール流出で明るみに出てしまったのである。

CRU のメンバーは、IPCC の第 4 次評価報告書（2007）の執筆でも、懐疑論者の論文引用を少なくする工作をするとともに、それらの論文を論破する論文を効果的に盛り込むために、IPCC の引用ルールを（下記で説明するように）ねじ曲げている。これらの行為には、人為的温室効果ガスの削減を唱える政治家などを惑わすようなメッセージは盛り込むな、という政治的な側面よりも、私達の研究成果に異議を唱える論文の存在自体を許せないという度量の小さな研究者根性が垣間見える。例えば、2004 年 7 月 8 日に、ジョーンズがマンに送付したメールの中に、下記のような文言が含まれていた。

　　マッキトリックとマイケルズの論文（2004）は単なるゴミだ。私は（温暖化懐疑論者の）論文を次の IPCC 報告書において、どれも見たくはない。ケビン・トレンバース（米国の大気研究センター気候解析部門長で報告書第 3 章の執筆責任者）と私は、これらの論文の引用を何とかして、除去してみせます。仮に、文献の同僚評価を再定義してでもね！（Russell, et. al. 2010 : 71）。

このメールで言及されているロス・マッキトリック（Ross McKitrick）とパトリック・マイケルズ（Patrick Michaels）の論文（2004）「A Test of Corrections for Extraneous Signals in Gridded Surface Temperature Data」の主張によると、20 世紀の地球温暖化は経済活動の増加によるものであ

る。加えて、大多数の気象観測所は都市高温化（ヒートアイランド現象）の強い影響を受けていることを示し、CRUTEM（CRU が管理する地球各地の気温データ）は、この都市高温化の影響を正しく補正していないと、強く批判している（McKitrick and Michaels 2004）。

　この論文の主張は、地球温暖化の原因は都市化でなく、人為的な温室効果ガスにある、という IPCC 第 3 次報告書の結論と明確に齟齬をきたしている。なお、IPCC の結論は、『Nature』に掲載されたジョーンズの論文（1990）「Assessment of Urbanization Effects in Time Series of Surface Air Temperature over Land」を論拠としていたために、マッキトリックとマイケルズの論文はジョーンズの研究成果への挑戦でもある。ただし、マッキトリックとマイケルズの論文や、同様の批判をしたデ・ラートとマウレリスの論文（2006）が IPCC 第 4 次報告書で引用されたことから、ジョーンズの望み通りの結果にはならなかったといえる。

　とはいえ、ジョーンズやマンなどの研究成果を批判する論文の誤りを指摘する論文を、IPCC 第 4 次報告書に（IPCC の引用ルールに抵触する方法で）強引に「ねじ込むこと」に成功している。その「ねじ込まれた論文」とは、ユージーン・ワール（Eugene Wahl）とキャスパー・アマン（Caspar Ammann）の論文（2007）「Robustness of the Mann, Bradley, Hughes Reconstruction of Northern Hemisphere Surface Temperatures: Examination of criticisms based on the nature and processing of proxy climate evidence」である。この論文はマン（1998, 1999）の研究成果を再現できることを明示することで、マンの論文の統計的過誤を指摘したマッキトリックとスティーブン・マッキンタイア（Stephen McIntyre）の論文（2003）「Corrections to the Mann et. al. (1998) Proxy Data Base and Northern Hemispheric Average Temperature Series」、およびフォン・シュトルヒの論文（2004）「Reconstructing Past Climate from Noisy Data」を暗に批判している。

　ワールとアマンの論文が『Climatic Change』に正式に採択されたのは 2006 年 3 月 1 日であった。ところが、この論文が引用された IPCC 第 4 次報告書の引用ガイドラインによると、2005 年 12 月 16 日までに掲載済み、

あるいは最終版（採択済みで変更不可）が印刷中でなければならない。このため、ワールとアマンの論文が報告書に記載されているのは、引用ガイドラインに抵触する。この論文が引用された章の執筆者は、CRU のブリッファであった。彼がワールとアマンの論文を引用するために奔走した様子は、メール流出によって後に白日の下にさらされることになる。なお、彼は、ラッセル・レビューチームの監査に対して、報告書最終版の原稿提出締切日である 2006 年 8 月までに掲載が確約されていた論文を報告書に盛り込むのが、最新科学を批評する彼の役目だったと釈明している（Russell 2010: 78-84）。

　また、「③人為的な地球温暖化論に懐疑的な研究者によるデータ提供の依頼を無視した内容のメール」には、2004 年 5 月 7 日に、ジョーンズが書いた下記のメールなどがある。

　　古気候学の専門家である私達の多くは、カナダのスティーブン・マッキンタイアなどの地球温暖化懐疑者に研究データを提供するように求められる。マイク（マイケル・マン）と私は、データを全く提供していない。なぜなら、私達は彼らが求めるデータを一部持っていないし、研究協力者との契約で得られたデータも含まれているためである。その上、マッキンタイアは我々のデータを歪曲悪用するかもしれないからである。なお、マイクと私は、『Reviews of Geophysics』に掲載された論文で活用したデータの多くを、CRU のホームページからダウンロードできるようにしている（Russell, et. al. 2010 : 31）。

　このメールで非難されたマッキンタイアとは、マッキトリックとの共著論文（2003, 2005a, 2005b）で、マンの論文（1998, 1999）やジョーンズの論文（1990）の統計的な誤りを指摘した人物である。彼は、鉱山業に 30 年以上勤めたという異色の数学者であったが、鉱山会社における彼の仕事は、高度な統計解析を用いる業務監査であったために、些細な計算ミ

スも許せない（気候学の）監査官として適役といえた（Mosher and Fuller 2010）。彼は、マンやジョーンズ、ブリッファの論文で用いられたデータと、その統計解析法に誤りがなかったかを自ら確かめる目的で、ジョーンズにデータの提供を繰り返し依頼している。ところが、これらの依頼を数年間も拒み続けられたことから、マッキンタイアは、英国や米国の「情報自由法」（Freedom of Information Act : FoIA）で保証される権利を行使して、CRU にデータ請求を公的に行うようになるのである。

3. 情報自由法

英国において、公的機関が保有する情報の公開を促進する法律である「情報自由法」（Freedom of Information Act : FoIA）が制定されたのは、2000 年 11 月 30 日のことであった。ちなみに、1966 年 7 月に米国の情報自由法が、1982 年 3 月にオーストラリアの情報自由法が、1982 年 7 月にカナダの「情報アクセス法」（Access to Information Act）が、1982 年 12 月にニュージーランドの「公務情報法」（Official Information Act）が、それぞれ制定されている。よって英国は、他の英語圏の先進国と比べ大きな後れをとっていたといえる。1980 年代前半に情報公開法の導入を否定したのは、マーガレット・サッチャー（Margaret Thatcher）首相であった。彼女は、政府が保有する情報の公開は議会でなされるべきだ、と考えていたためである（田中 2003）。

その後、サッチャー首相の後継者であるジョン・メージャー首相は、「開かれた政府」（Open Government）の公約の下で、政府情報の部分的公開を徐々に進めている。保守党から労働党への政権交代を成し遂げたトニー・ブレア首相は、更なる情報公開に努め、その成果は 2000 年のFoIA の制定として結実した。この法律制定を受けて、大学も含めた公的機関は、下記のスケジュールで公開計画を策定することになった。

- ➤ 2002 年 11 月：中央政府や議会など
- ➤ 2003 年 2 月：地方政府など

第 4 章　英国における研究データの公開と学問的誠実性

- ➢ 2003 年 6 月：警察や軍隊など
- ➢ 2003 年 10 月：国民保健サービス（NHS）など
- ➢ 2004 年 2 月：学校（大学を含む）など
- ➢ 2004 年 6 月：その他の公的機関

なお、FoIA の全面的な施行は、2005 年 1 月 1 日とされた。

　CRUのあるUEAでは、「情報枠組計画委員会」（Information Framework Project Board）で、UEA の公開計画の策定が議論されている。そして、2004 年 11 月 22 日に「情報自由法政策」（Freedom of Information Act Policy）を公表し、「UEA は、公的な機関として、情報自由法に従う義務があり、全ての教職員は、この法律の下での公開義務を認識している義務がある」と記している（UEA, HP）。また、情報サービス部門に FoIA の管理課を設置し、「情報政策承諾管理者」（Information Policy and Compliance Manager : IPCM）を対応の窓口とした。ところが CRU は、2005 年以降に FoIA によるデータ提供の依頼を受けても、ICPM に連絡をせずに、独自の対応をしていたのである。このことが、メール流出で露わとなった。例えば、ジョーンズは 2005 年 1 月 21 日に下記のメールを出している。

　　情報自由法に関する 1 枚刷りの印刷物が、私達の手元に届けられました。この印刷物は、私達がプログラムやデータ（の公開）について、何をしなければならないのかを明確にしていません。英国では良くあることですが、誰かが尋ねてきたときに、何をすべきかが分かることでしょう。私は英国に情報自由法があることを誰にも話したくはありません。UEA（FoIA 管理課）も、（私達がすべきことに）何が含まれるかを知らないと思います（Russell, et. al. 2010 : 91）。

翌月の 2 日に、ジョーンズはマンに以下のメールも送っている。

マッキンタイアとマッキトリックは、CRU の観測点のデータの送付を何年も要求し続けてきた。もし彼らが英国にも情報自由法があると聞いたら、私はデータを送るのではなく、それらのファイルを削除すると思います（Russell, et. al. 2010 : 92）。

　FoIA 請求されたデータを ICPM に無断で削除することは、UEA の情報自由法政策に反する行為である。当時のジョーンズ（CRU のメンバーも含む）は、CRU への FoIA 請求を軽んじていたと推測できるが、2007 年以降は ICPM に FoIA 請求の対応を相談するようになった。ただし、その相談は、ICPM などと共同して、FoIA 請求によるデータの提供を拒否、または最小限の提供に抑えるためのものであった。このことについて、ジョーンズは、2008 年 12 月 3 日に、ベンジャミン・サンター（Benjamin Santer、米国ローレンス・リバモア国立研究所研究員）に送ったメールの中で説明している。

　　情報自由法が我が国で施行された時に、UEA の FoIA 管理課の職員が、私達は FoIA 請求の学内規則を遵守すべきだといっていた。その彼らと 30 分の打ち合わせを何度か行い、ときには、パソコンの画面で CA（ClimateAudit、マッキンタイアが設けた温暖化懐疑論者のためのブログ）の内容を見せたりして、最終的に遵守しなくてもいいと納得してくれました。CRU に FoIA 請求してくる人々の素性に気づいてからは、UEA の全員（環境科学部の学部長や教員、本部の職員など）が、私達にとても協力的になりました（Russell, et. al. 2010 : 93）。

　ジョーンズだけでなく、UEA の教職員全体による FoIA 請求への不誠実な行動を、ラッセル・レビューチームは強く批判した。そして、自らの報告書において、UEA が FoIA や、関連する EIR（環境情報規則、Environmental Information Regulations、1992 年 12 月 18 日制定）と DPA

（情報保護法、Data Protection Act 1998、1998 年 7 月 16 日制定）を組織的に全学で遵守する体制の強化に向けて、下記の 4 つを提言している（Russell, et. al. 2010 : 94）。

> FoIA や EIR を遵守する責務は UEA の執行部の役目である、という理解に抜本的に改めること。大学の上級職は、正直・厳格・透明な文化の醸成や、それらを支える方策などへの明確な関与が必要である。

> FoIA・EIR・DPA 遵守の方策や立場、および FoIA 請求の運用プロセスを見直すこと。レビューチームは、注目すべき重大な問題を右記の項目で発見した。それらは、権限の不均衡、請求への有効な拒否の欠如、個々人への過大な依存、不適切な上層部への報告プロセスと限定的な戦略的監視である。

> 教職員の心をつかむ、持続的な協同運動。この運動は右記の項目を含むべきである。それらは、UEA の公式な出版政策の促進、FoIA・EIR・DPA 遵守の詳細な情報を盛り込んだ新任教員研修、クイーンズ大学（北アイルランド）の取組のような経験豊富な教員への（特に、変容する状況での）再認識運動の開発、および透明性と FoIA・EIR・DPA 遵守の重要性を思い出させる注意書きの年次発行である。

> 改良された再認識の手段と方法が定着したら、情報提供への対応の継続的効果を確かめるために、個人・外部・監査プログラムを運用すること。

　これらの提言を受けて、UEA は、自らの情報自由法政策をガバナンスの強化の観点で根本的に見直し、改訂版（第 2 版）を 2012 年 2 月 22 日に公表している。その後、更なる改善を施し、第 3 版を 2013 年 2 月 1 日に発表した（UEA 2013）。

4. まとめ

　UEA に CRU が設置された 1972 年当時、気候学は、歴史と厚みのある気象学と比べて、マイナーな学問分野であった。しかし、1990 年代に、地球が温暖化しつつあるという報告が積み重なってくると、多くの人々の注目を集めるようになった。特に、マンの論文（1998）で、20 世紀の気温上昇は過去と比較して異常なレベルであるとの警告がなされると、政治家や一般大衆にも興味を持たれるようになったのである。気候学は短期間で、社会的なインパクトの強い、かつ多額の研究費を得られる、キラ星のような学問分野へと発達したのである。

　しかし、気候学にとって不幸なことは、学問分野の人的な厚みが構築されるスピードよりも速く、社会の強い関心を得たことであろう。厚みのある伝統的な自然科学の研究分野であれば、研究に用いたデータと、そのデータの加工プログラムの公開は当然視されており、それらの公開情報を用いて、多くの研究者が研究成果の再現を試みることによって、その成果の妥当性が確認されるシステムが整っている。ところが、新興学問の気候学でこの健全な再検証システムが機能していたとはいえず、少数の著名な研究者による村社会の中で作られた研究成果には、多くのミスが同僚評価で指摘されずに残されていた。そして、これらのミスを他分野の学者（経済学者のマッキトリックや数学者のマッキンタイア）などに指摘されるようになると、気候学者は自らのデータの隠蔽に遁走してしまったのである。

　健全な研究成果は、真摯なデータ（および加工プログラム）の公開と、同僚評価の層の厚みによって支えられている。ところが、真実の追究者である科学者が、この研究の質保証システムをないがしろにしたことが、CRU メール流出事件で露呈したのである。この事件が示唆することは、ある学問分野において、少数の研究者に強力な権力が集中してしまうと、質保証システムが形骸化する恐れがあるということである。ラッセル・レビューチームは、この形骸化を憂慮して、CRU の隠蔽体質と UEA の管理体制の甘さを、強く非難したのである。この強い非難は、

「イギリス学長団体」（Universities UK）に歓迎されたことを指摘して、本稿の末尾としたい。

【参考文献】

- de Laat, A.T.J. and Maurellis, A.N., 2006, "Evidence for Influence of Anthropogenic Surface Processes on Lower Tropospheric and Surface Temperature Trends", *International Journal of Climatology,* 26, 897-913.
- Gore, A., 2006, *Inconvenient Truth: The Planetary Emergency of Global Warming and What We Can Do About It,* New York : Bloomsbury.
- Intergovernmental Panel on Climate Change, 2001, Third Assessment Report.
- Intergovernmental Panel on Climate Change, 2007, Fourth Assessment Report.
- Jones, P.D., Groisman, P.Y., Coughlan, M., Plummer, N., Wang, W.C. and Karl, T.R., 1990, "Assessment of Urbanization Effects in Time Series of Surface Air Temperature over Land," *Nature,* 347 : 169-72.
- Mann, M.E., Bradley, R. S. and Hughes, M.K., 1988, "Global-scale Temperature Patterns and Climate Forcing over the Past Six Centuries," *Nature,* 392, 779-87.
- Mann, M.E., Bradley, R.S. and Hughes, M.K., 1999, "Northern Hemisphere Temperatures during the Past Millennium : Inferences, uncertainties, and limitations," *Geophysical Research Letters,* 26 (6)、759-62.
- McKitrick, R. and Michaels, P.J., 2004, "A Test of Corrections for Extraneous Signals in Gridded Surface Temperature Data," *Climate Research,* 26, 159-73.
- McIntyre, S. and McKitrick, R., 2003, "Corrections to the Mann et. al. (1998) Proxy Data Base and Northern Hemispheric Average Temperature Series," *Energy & Environment,* 14 (6)、751-71.
- McIntyre, S. and McKitrick, R., 2005a, "The M&M Critique of the MBH98 Northern Hemisphere Climate Index : Update and implications," *Energy & Environment,* 16 (1)、69-100.
- McIntyre, S. and McKitrick, R., 2005b, "Hockey Sticks, Principal Components, and Spurious Significance," *Geophysical Research Letters,* 32 (3)、L03710.

・Mosher S. and Fuller, T., 2010, Climategate : *The CRUtape Letters*, New York: Createspace.

・Russell, M., Boulton, G., Clarke, P., Eyton, D. and Norton, J., 2010, The Independent Climate Change E-mails Review.

・Soon, W. and Baliunas, S., 2003, "Proxy Climatic and Environmental Changes of the Past 1000 Years," *Climate Research*, 23, 89-110.

・田中嘉彦、2003、「英国における情報公開――2000 年情報自由法の制定とその意義――」『外国の立法』、216、1-25.

・University of East Anglia, 2004, Freedom of Information Act Policy.

・University of East Anglia, 2012, Freedom of Information Act Policy, Ver.2.

・University of East Anglia, 2013, Freedom of Information Act Policy, Ver.3.

・Von Storch, H., Zorita, E., Jones, J.M., Dimitriev, Y., González-Rouco, F. and Tett, S.F.B., 2004, "Reconstructing Past Climate from Noisy Data," *Science*, 306 (5696), 679-82.

・Wahl, E.R. and Ammann, C.M., 2007, "Robustness of the Mann, Bradley, Hughes Reconstruction of Northern Hemisphere Surface Temperatures: Examination of criticisms based on the nature and processing of proxy climate evidence," *Climatic Change*, 85 (1-2), 33-69.

第5章　ドイツにおける研究公正システムの構築
──ドイツ研究振興協会（DFG）と研究不正行為──

藤井　基貴（静岡大学）

はじめに

　科学技術・学術研究の高度化・複雑化に伴い、研究不正行為の発生予防及び対策が喫緊の社会的課題となっている。世界各国では政府機関、学術団体、研究助成・実施機関、研究機関が中心となり、それぞれの国の状況に応じた「研究公正システム」の構築が進められている。2009年にカナダの調査機関が発表した分析によれば、主要国の研究公正システムは以下の3タイプに分類されるという[1]。

　【タイプ1】法的な調査権限を備えた研究公正局が国家レベルで存在するシステム

　【タイプ2】法的権限は無いが独立性の高い研究公正局やコンプライアンス組織があるシステム

　【タイプ3】独立した研究公正局やコンプライアンス組織を持たないシステム

　上記のうちタイプ1には米国やデンマーク、タイプ2にはドイツ、フィンランド、英国などが該当し、日本はタイプ3に分類されている。また、国家レベルの研究公正システムの整備において先行した米国がタイプ1を選択したのに対して、後発の主要国の多くはタイプ2を採ってきた[2]。その背景には各国の歴史、地理的環境、研究動向、研究支援体制等のさまざまな規定要因が存在する。なかでも欧州の学術界において大きな影響力を誇るドイツは国全体を統括する組織を持たず、分権的な体制に基づく独自のシステムを有することで知られている。

95

研究者および大学の自律性に対して高い信頼を置いてきたドイツが、研究不正行為に対する組織的な取り組みを開始したきっかけには、一つの大きな研究不正事件があった。1997年、細胞成長に関する基礎医学の研究者ヘルマン（Friedhelm Herrmann）とその助手ブラッハ（Marion Brach）による共同研究において実験事実の不正の数々が明らかとなったのである。二人は1988年から1996年の間にかけて37の論文を発表し、それらすべてにおいてデータの捏造、操作および偽造を繰り返していた（「ヘルマン・ブラッハ事件」）。ただちにドイツ最大の研究助成・実施機関であるドイツ研究振興協会（Deutsche Forschungsgemeinschaft, DFG）は、先行する米国やデンマークなどの取り組みを分析し、「学術研究におけるセルフ・コントロール」委員会を立ち上げ、1998年には「学術研究の善き実践の確保」（*Empfehlungen zur Sicherung guter wissenschaftlicher Praxis*、以下 DFG 提言）3) と題した16の提言を発表する。同提言をうけて、「ドイツ大学長会議」（Hochschulrektorenkonferenz, HRK）はモデル・ガイドラインを策定し、各大学および研究機関においてもルールづくりが進められた。その後も DFG はオンブズマン制度の拡充や2013年には新たな研究不正への対応として「補遺」を発表するなど、システム構築に向けた取り組みを推進してきた。

　本章の目的は、1990年代後半以降のドイツにおける研究不正行為に対する対応について DFG の取り組みを中心に紹介し 4)、米国とは異なるシステムの在り方を検討することで、日本の「研究公正システム」が抱える諸課題（制度理念、連携体制、教育プログラム開発等）について参照となる知見及び国際的な比較視座を示すことにある。

1. DFG による研究不正行為に対する取り組み

1-1. DFG の概要

　ドイツでは総合大学、専門大学、連邦研究所、州立研究所など750にのぼる研究機関が公的資金で運営されている。これに加えて、民間企業の研究組織も多数存在する。近年、ドイツ連邦政府は各研究機関におけ

第5章　ドイツにおける研究公正システムの構築

る研究基盤の整備に力を入れるとともに、「エクセレンス・イニシアティブ」と呼ばれる競争的資金を導入して、優れた成果が期待される研究プロジェクトに対しては予算の重点的な配分を行ってきた。

　研究支援の方式は日本の運営費交付金に相当する政府からの直接的な交付と、科研費に相当する優れた研究プロジェクトへの交付とがある。後者の研究支援を担っているのが DFG であり、DFG は予算のほとんどが政府と州から拠出されるドイツおよびヨーロッパ最大の公的な研究助成・実施機関である。2011 年度実績においては、連邦政府から 16.2 億ユーロ、各州から 7.9 億ユーロ、EU からの予算配分と個人寄付からの 700 万ユーロの合計 24.1 億ユーロを運用している。研究支援組織としては、他にもマックス・プランク協会、フラウンホーファー協会、ヘルムホルツ協会、ライプニッツ協会等がある[5]。これらの研究支援組織はそれぞれ自前の研究所を有しており、ドイツ研究機関連盟にも名を連ねているが、予算規模において DFG は突出した存在といえる。また DFG は、タックスペイヤーである国民からの負託を受けた研究助成・実施機関として政府からも独立した権限を有する。DFG の本部はドイツのボンにあり、ベルリンにも支部を持つ。ワシントン、ニューヨーク、モスクワ、ニューデリー、東京に在外事務所が置かれており、北京には中国・ドイツ研究振興センターを構えている。

　DFG は最大のミッションである競争型選抜による研究助成をはじめとして、キャリア支援、国際共同研究の奨励、産学連携強化および関連団体への助言を積極的に行ってきた。研究助成の審査にあたってはピア・レビューを採用しており、23,000 人以上の研究者（主に大学の研究者）がレビュアーとなっている。研究助成の対象は広範囲に及び、2011 年度の実績によれば、生命科学分野が 39%、次いで自然科学（24%）、工学（21.8%）、人文社会科学（15.3%）と基礎研究から応用研究まで幅広く助成している。

97

1-2. DFG 提言の基本方針

　DFG 本部より提供された資料をもとに、DFG 提言の基本方針を確認
しておく。同提言には三つの基本原則がある。第一は研究不正行為に対
する対策を定めること、第二は研究結果を正確に記録し、かつその省察
を欠かさないこと、第三は研究同僚や競争相手あるいは先行する研究成
果に対する誠実さを失わないことである。DFG はこうした行動指針を全
ての学術研究活動の基本原則として位置づけている。さらに学術研究の
善き実践へといたる過程には、研究グループ内での協力姿勢の確立とそ
れを統括するリーダーシップの責任の明確化、若手研究者に対する指導
と支援の確保、研究によって生成された一次データの保護および保管の
徹底、学術刊行物に対する責任が含まれる。これらの基本原則の確実な
実践のために、「学術研究におけるセルフ・コントロール」委員会、研究
費利用に関するガイドライン、研究不正行為への対処手続き、という三
つの柱が設けられている。

　セルフ・コントロール委員会は DFG 理事会（Senat ; Senate）によって
1997 年に「重大な研究不正行為を調査する組織」として発足した。12 人
で構成された同委員会メンバーは国際的な専門家集団によって組織さ
れ、不正行為の原因調査、不正防止措置の検討、学術研究のセルフ・コ
ントロールに関して現存するメカニズムの審査およびその保全のための
助言を任務とする。1998 年に発表された DFG 提言も同メンバーによって
まとめられたものである。

　DFG に対して研究資金提供を申請する者は、他の諸条件に加えて、提
言の理念を確実なものとするために提言を元にした規則を設けているこ
とと、研究に関わるものが規則に従うことを誓約することが支援対象の
条件となっている。DFG 合同委員会（Hauptausschuss; Joint Committee）
がまとめた「手続きのルール」（2001 年作成、2011 年改訂）によれば、
不正行為として含まれるものは「虚偽記載」、「知的財産権の侵害」、「同
意を得ていないオーサーシップ」、「研究活動の妨害（実験データの破棄
等を含む）」、「他者の研究不正行為への加担」、「レビュアーとしての研究

第5章　ドイツにおける研究公正システムの構築

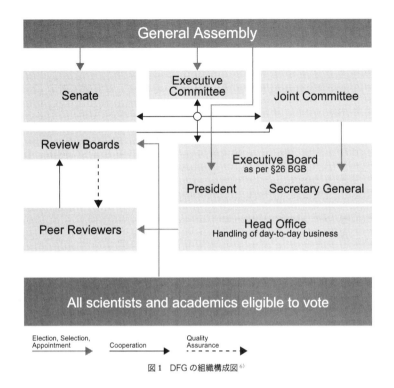

図1　DFG の組織構成図[6]

不正行為」であり、いまのところ「研究費の不正使用」は含まれていない。また、近年では共同研究の国際化が進んでおり、国際的な研究組織に対する研究助成機関の対応策も新たな課題となっている。

1-3.　オンブズマン制度

ドイツの研究公正システムの大きな特徴はオンブズマン制度を導入している点に認められる。オンブズマンは大きく二つに区分される。一つは各研究機関に配置されているオンブズマンであり、通常「ローカル・オンブズマン」あるいは「オンブズパーソン」と呼ばれる。その総数は280名程度と推定されている[7]。これに対して、相談者にとって同じ研究機

99

関のオンブズマンに相談することが不都合に感じられる場合や、複数の研究機関をまたぐケースの場合は、DFG によって設置された「ドイツ研究オンブズマン」が対応することとなる。「ドイツ研究オンブズマン」は人文・社会科学、生命科学、自然科学において傑出した業績を有する三名の研究者からなり、無給による名誉職で三年の任期をもって交替する。同オンブズマンは 1999 年 5 月に DFG 評議会によって設置された。当初は「DFG オンブズマン」と呼ばれていたが、2010 年に DFG 内部におかれている「不正に関する調査委員会」(Ausschuss zur Untersuchung von Vorwürfen wissenschaftlichen Fehlverhaltens ; Committee of Inquiry on Allegations of Scientific Misconduct) との役割区分を明確にするために「ドイツ研究オンブズマン」(Ombudsman für die Wissenschaft ; German Research Ombudsman) へと改称された。「秘匿性」、「平等性」、「透明性」の理念に基づいて独自の手続きガイドラインを持っており、DFG から独立した組織としてボン大学に事務局を置き (2014 年現在)、教育・普及活動も展開している。DFG に対しては毎年『年間報告書』を作成・提出することが求められており、報告書はウェブサイトでも公開される。

　DFG は研究不正行為に対してオンブズマン制度を活用することを重視してきた。よく知られているようにドイツ連邦共和国の憲法である「基本法」5 条 3 項は「学問、研究および教授の自由」を保障し、ドイツでは大学および各研究機関はそれぞれ高い自主性および自律性を有している。とりわけ、戦後においては政治権力が研究活動に介入することに対して一貫して慎重な姿勢が保たれており、研究不正行為に対しても「法化」や「研究公正局」の設置によるトップダウン型の規制・管理ではなく、提言および手続きの厳格化によるボトムアップ型の改善を推進してきた。これにより「研究者コミュニティ」は研究活動の場を不断の自主努力によって保守するという学術風土を培うとともに、若い研究者に対しても研究遂行能力だけでなく、研究姿勢や倫理観を育てる役割を担う。また、オンブズマン制度は不正行為が疑われる事案に対して正式な調査の前段階としての「フィルタリング機能」を果たすだけでなく、

第 5 章　ドイツにおける研究公正システムの構築

当該関係者とのコミュニケーションを通して具体的な実例やデータを集積し、システムをアップデートするための「アラーム機能」も備えているといえる。DFG はオンブズマン制度の実績と改善を積み重ねることで研究者コミュニティを中心とするセルフ・コントロールの高度化を進めており、その理念や方針は大学および各研究機関においても共有されていると言ってよい。

表 1　ドイツにおける研究不正行為の手続き[8]

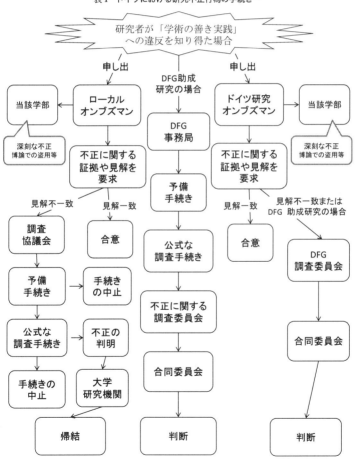

1-4. 研究不正行為への手続きと対応

　ドイツにおいて研究不正行為が疑われる事案に対する手続きは表1のように進められる。手続きは原則として予備調査と本調査の二段階方式をとっている。表1にある「合同委員会」はDFGの予算を立案する等の機能を有する。73名の構成員のうち39名は評議会メンバーと兼任で、残りの34名は連邦政府および各州政府から16名ずつ、ドイツ学術振興寄付連盟から2名が入る。合同委員会における決定は研究者である評議会メンバーの意向が尊重されており、政府による影響力の行使は限定的・間接的なものとなっている。こうした点においても研究者コミュニティの自律性を尊重する姿勢が確認できる。手続き及び調査の結果、研究不正行為が明らかになった場合は、合同委員会による処罰は文書での懲戒、研究助成への応募資格の停止、助成の撤回、出版物の訂正もしくは撤回、DFG委員会メンバーからの除籍、投票権の停止といった対応がとられる。

2. DFG提言（1998）と補遺（2013）の内容分析

2-1.　DFG提言（1998）以降の研究不正行為

　1998年に出されたDFG提言以降もドイツではたびたび研究不正行為の問題が取り沙汰されてきた。とりわけ大きな事件として知られるのが「ベル研事件」である。2000年から2001年にかけて、ベル研究所の物理学者ヤン・ヘンドリック・シェーン（Jan Hendrik Schön）は数々の論文を一流科学雑誌『サイエンス』や『ネイチャー』に掲載した。2002年、その実験結果のほとんどにデータの捏造があることが調査によって明らかとなる。シェーンによる高温超伝導研究は、当時同分野において世界最高峰の技術力を誇ったと言われるベル研究所によって行われ、そのことが他の研究機関での追試・再現実験を諦念させる要因ともなっていた。また、彼が発表した論文には著名な研究者も指導者として名を連ねていたにも関わらず、誰も実験事実の確認を行っていなかった。この事件は業績主義の中で横行する「名誉オーサーシップ」あるいは「ギフトオーサーシップ」と呼ばれる共著論文の慣行を見直すきっかけともなった[9]。

また、近年では政府要人の過去の博士論文における盗用も関心を集めた。2011 年に 39 歳の若さで国防大臣に就任したグッテンベルク（Karl-Theodor Freiherr von und zu Guttenberg）は 2007 年にバイロイト大学に提出した博士論文での盗用を指摘され、政界を追われている。2013 年には教育大臣シャヴァーン（Annette Schavan）が 1980 年にデュッセルドルフ大学に提出した博士論文での盗用疑惑を指摘され、大臣を辞したことは記憶に新しい。ドイツでは博士号の取得が社会的信頼を象徴するものとなっており、政財界にも博士号取得者は少なくない。両大臣の事例は過去の研究手続きの不正をどこまで遡って、その責任を問うべきかという問題を提起しただけでなく、研究機関や科学者の自律性にゆだねられてきた研究不正に対する取り組みそのものを問いなおす契機ともなった [10]。

　こうしたなか 2011 年 6 月 20 日、連邦と州の研究担当大臣によって構成される「共同学術協議会」（Gemeinsame Wissenschaftskonferenz, GWK）において「学術研究の善き実践の確保のために、新たな進展に基づき、国際的な発展を考慮して必要な部分においては提言を現況に合わせる」ことが決議される。これを受けて同年 11 月 29 日ドイツ研究機関連盟（Die Allianz der deutschen Wissenschaftsorganisationen）は「学術研究の善き実践について」と題したシンポジウムを開催し、翌年 2 月 14 日におけるGWK 会議では提言の部分改訂の必要性が確認される。また、メディアからも DFG 提言がもはや現在の研究不正行為に対応していないという声が相次いだ [11]。こうして 2013 年 7 月 13 日、DFG は提言の部分改訂を「補遺」として発表する。

2-2.　提言本文の改訂箇所

　DFG 提言は「序言」、「1 提言（各解説を含む）」、「2 学術システムの問題」、「3 国外の取り組み」、「注釈」からなる。2013 年度に発表された「補遺」において加筆・修正されたのは後進研究者への支援、オンブズマン制度の充実、著者性の原則、内部告発者の保護といった項目である。「補遺」の発表は研究活動への規制を強化するものとして当初は批判も集

まったが、現在では重要な制度改革として定着をはたしているという [12]）。
表 2 がその一覧である。

表 2　研究不正行為に対する処分の手続き

	1998 年版	2013 年改訂版 （下線部は修正・補筆箇所）
提言 1	学術研究の善き実践の規則は（普遍的な、そして必要に応じて個々の分野に向けて詳述された）特に、以下のテーマを網羅すべきである。―学術研究活動についての一般原則、例えば ―規則に従って研究すること ―結果を文書に記録すること ―すべての結果を自ら徹底的に疑うこと ―共同研究者やライバル、先行研究者の貢献を顧慮して厳格な誠実さを保つこと ―共同研究と研究グループ内での指導責任（提言 3） ― 後進の研究者の後見（提言 4） ― 一次資料の確保と保管（提言 7） ― 研究業績（提言 11）	―該当なし
提言 2	大学と、総合大学以外の研究機関は、研究メンバーの協力のもと、学術研究の善き実践の規則をまとめ、その規則をすべてのメンバーに周知し、規則についての義務を負わせるものとする。この規則は後進の研究者の教育と育成の確固たる要素となるべきである。	―該当なし
提言 3	あらゆる大学と研究施設の指導部は、個々の学術研究上の単位	―該当なし

第5章　ドイツにおける研究公正システムの構築

	の大きさによって、指導・監督・衝突の調整・質の確保といった任務が明確に割り当て、保証し、その任務が実際に引き受けられることを確実にする、適切な組織に対して責任を担っている。	
提言4	後進の研究者の育成と援助には、特別な注意を払わなければならない。大学と研究施設は、彼らの後見のために原則を展開し、個々の研究グループの指導者に、その原則を義務づけるべきである。	―該当なし
提言5	大学と研究施設は、衝突や、予想される逸脱行為の問題の渦中にあるメンバーが相談できる独立した、信頼できる人物や相談員を予め決めておくべきである。	大学と研究施設は、学術研究の善き実践や、予想される学術上の逸脱行為の問題の渦中にあるメンバーが相談できる、独立した信頼できる人物や相談員（オンブズパーソン）を予め決めておくべきである。大学と研究施設は、信頼できる人物や相談員（オンブズパーソン）が施設で周知されるよう配慮する。
提言6	大学と研究施設は評価の尺度として質が常に量よりも重要となるように、試験や学位の授与、昇進、雇用、招聘、資金配分に関する業績基準や評価基準をしっかりと定めるべきである。	―該当なし
提言7	刊行物の基盤としての一次データは、長期保存可能で、確実な媒体のもとで、データが作成された機関に10年間保管されるべきである。	―該当なし
提言8	大学と研究施設は、逸脱行為への非難の対処に対する手続きを、前もって決めておくべきである。手続きは、そのために認可された機構によって決議されるべきであり、以下に述べる懲	―該当なし

	戒権も含めた、関係する法的な規則を考慮して以下のことを包括すべきである。 ―たとえば、データの捏造と歪曲、剽窃、査読者または上司としての背任行為など、学術研究の善き実践（提言1）との境界で逸脱行為とみなされる事態の定義 ―事情確認の調査に関する権限や（立証責任の規則を含む）訴訟手続、期限 ―当事者または関与者への聴取、守秘義務、偏見の排除のための規則 ―立証された逸脱行為の深刻さの度合いに依拠した制裁 ― 制裁の決定に関する権限	
提言9	代表組織には統合されない、大学以外の研究機関に対しては、特に学術上の逸脱行為手続き（提言8）について、共同手続きが推奨される。	―該当なし
提言10	学術研究の専門学会は、その勢力範囲について学術研究の善き学実践のための基準を検討・作成し、メンバーにその義務を負わせ、基準を一般に公開するべきである。	―該当なし
提言11	学術刊行物の著者はその内容について常に共通して責任を負う。いわゆる「名誉オーサーシップ」は除外される。	学術刊行物の著者はその内容について常に共通して責任を負う。著者とは、学術刊行物に本質的に貢献した者のみを指す。いわゆる「名誉オーサーシップ」は除外される。
提言12	学術雑誌は執筆要綱の中で、提出された論文の独自性とオーサーシップについての基準を顧慮し、最も国際的で一般的な実践に対応していることを明らか	―該当なし

	にするべきである。提出された原稿の査読者は、機密保全と偏見のないオープンな態度の義務を負うべきである。	
提言 13	研究助成団体は、法形態の基準に従い、申請要綱の中で、自身そして他者の先行研究や、研究計画、提携、その他の計画すべてのために要求された申し出の正確さについての明確な基準をまとめ、不正確な申し出の影響への注意を喚起するべきである。	―該当なし
提言 14	承認された資金の使用に関する要綱において、計画の責任者は学術研究の善き実践（提言 1）の遵守の義務を負う。もし大学あるいは研究機関が単独のまたは同じ権利を持った受領者であるなら、そこで学術研究の善き実践（提言 1）と、逸脱行為についての非難の対処（提言 8）についての規則が構築されなければならない。提言 1 から 8 までを守らない施設には助成金を支給すべきではない。	―該当なし
提言 15	研究助成組織は無償の審査員に、委託された申請書類の守秘と偏見のないオープンな態度を義務づけるべきである。助成機関は、審査員が適用することを見込んだ判断基準を詳細に記すべきである。研究業績の量的な指標（たとえば、いわゆるインパクトファクターなど）を無反省に用いて、助成を決定する根拠とすべきではない。	―該当なし
提言 16	ドイツ研究振興協会は――たとえば研究オンブズマンあるいは少人数からなる委員会の形で――独立した担当部局を招聘し、必要な研究資金を支給すべきである。すべての研究者は、学術研	―該当なし

	究の善き実践と学術研究上の不正行為による違反の問題で、助言と支援を受けるために、担当部局を任意に利用することができる。担当部局は、毎年、そうした問題について報告することになっている。	
提言 17	―	学術研究上の逸脱行為についての疑惑を詳述できる形で指摘する研究者（警告者、いわゆる内部告発者）は、それによって自身の学術研究上・職業上の前進についていかなる不利益も被ってはならない。信頼できる人物（オンブズマン）と同様、疑惑を調査する施設も、この保護のために適切な方法で尽力しなければならない。訴えは「善意から」行われなければならない。

※なお、『DFG 提言』および『補遺』の全訳については参考文献の藤井・田中共訳（2014a）および（2014b）を参照のこと。

2-3. DFG 提言「解説部」の改訂・加筆箇所

提言 4 「後進研究者の支援」

「補遺」では若手研究者への支援に一つの重点が置かれている。提言 4 の解説部では「後進の研究者の研究終了を適当な期間内で援助し、さらなる学術研究上のキャリアを支援することは、後進の研究者に対する後見義務の内容に数えられる」と新たに加筆されており、指導者と博士学位請求者の間でのあらかじめ取り決めがなされることを推奨し、かつ指導者には積極的なキャリア支援を行うよう求めている。

提言 5 「独立した相談者」

研究不正行為に関する相談にあたっては「利害衝突を避けるために、学長代理や学部長、またはある施設で他の管理職にある人物が就くべきではない」ことが加筆された。加えて、オンブズマン制度の運用にあ

たって、オンブズパーソンの負担軽減に関する配慮やオンブズパーソン
の指名にあたっても研究上の利害関係のないことが注意として書き添え
られている。

提言7「研究データの保管」

　研究データの保管に関して一次データとして「測定結果や収集品、研
究アンケート、細胞培養、原料検査、考古学上の発掘品、アンケート用
紙」が明記された。これに加えて保管期間の短縮規定やデータ閲覧に関
する規定を設けることの必要性も書き添えられている。

提言8「総合大学・総合大学以外の手続きの保護と強化」

　不正行為への対応は十分な法的根拠を持って進められることが加筆さ
れた。加えて、学位剥奪に関わるケースにおいては、新たに「学術研究
におけるセルフ・コントロール」委員会のメンバーが審議権付きで参加す
ることが推奨されている。

提言12「学術雑誌の査読指針」

　「名誉オーサーシップ」については「一般的見解では、いかなる場合も
容認され得ない。施設の責任者や上役の地位と同様、かつての上役の地
位もまた、それだけでは共著者性の根拠とならない」と加筆されてい
る。具体的には、以下の内容（新たな加筆箇所は下線部）だけで共著者
とすることを「不十分」と明記し、こうした貢献については謝辞にとど
めることが推奨されている。

　　①助成金の獲得に対し、単に組織上の責任だけがある
　　②標準的な調査資料を提供する
　　③標準的な方法を共同研究者を教育する
　　④データ収集の際の技術的な協力だけをする
　　⑤器具や実験用動物の単なる提供といった、技術的な支援だけをする

⑥定期的にデータレコードの譲渡だけを行う
⑦内容について実質的な共同制作をせず、ただ原稿を読むだけである
⑧刊行物が成立した機関や組織体を指導している

　また、著者の序列については、それぞれの専門性に応じて統一的な基準を設けるよう指摘されており、共同研究についての注意も新たに以下のように喚起されている。

　　共同研究を十分な理由なく終わらせたり、公表にその同意を必要とする共著者として、明白な理由もなく成果の発表を妨げたりすることは、学術研究の善き実践の規則に違反する。発表の拒否は、データや方法、または成果に対する証明可能な批判によって理由付けられなければならない。共著者は、妨害となる同意の拒否が疑われる場合、オンブズパーソンまたはその委員会（提言 5、16 参照）に仲裁を依頼してもよい。もし妨害がオンブズパーソンの確信に至った場合、オンブズパーソンは他の研究者に「オンブズマン判断」により発表を許可してかまわない。

提言 17「内部告発」
　新たに設けられた 17 項については解説の全文を記しておく。

　学術研究上の逸脱行為の可能性に関する疑惑を適切な施設に告発する研究者は、学術研究におけるセルフ・コントロールにとって不可欠な役割を果たしている。学術研究と施設を害するのは、根拠ある疑惑を表明する告発者ではなく、逸脱行為を犯す研究者である。それゆえ、告発者の訴えは職業上の不利益と研究上のキャリアの侵害に到ってはならない。とりわけ後進の研究者にとって、そのような告発が教育期間の延長や差し障りの原因になってはならないし、修了論文や博士論文の作成にいかなる不利益も受けてはならない。このことは、労働条件と同様、契約の

第5章　ドイツにおける研究公正システムの構築

延長にも当てはまる。

　告発者の訴えは善意から行われなければならない。不確実に、事実の十分な知識なしに非難が行われてはならない。逸脱行為に対する非難の軽率な対処や、故意による不適切な非難はそれにもまして、逸脱行為の姿の一つとなり得る。

　匿名の告発の調査は、非難を受け付けた部署によって行われるべきである。原則的に、目的に適った調査は、告発者の名前を挙げることを要求する。告発者の名前は守秘されねばならない。告発された者に対する名前の公開は、そうしなければ告発された者が適切に身を守れないのであれば、個々の場合に要求され得る。

　告発は、関係者全員によって守秘されねばならない。守秘義務は告発者と同様、疑惑を向けられた者にとっても有用である。逸脱行為の可能性について告発された疑惑の最終的な調査に先駆けて、告発された人物を前もって弾劾することは絶対に避けなければならない（これについては提言8を参照）。大学や研究施設に逸脱行為についての疑惑をあらかじめ指摘することなく、告発者がその疑惑をまず社会に向ける場合、手続きの守秘はもはや付与されない。調査を行う施設は、いかに守秘の侵犯に対処するかを、個々の場合に決定しなければならない。情報提供者が時期尚早に公開を行った結果として、告発された者の信望が失われることは甘受すべきではない。

　逸脱行為を告発された者だけでなく、告発者もまた、機関の保護を必要とする。オンブズパーソンと同様、調査を行う施設も、この保護の思考を適切な方法で顧慮すべきである。また、証明されてない逸脱行為の場合にも、非難が明らかに根拠を欠いているのではない限り、告発者は保護されなければならない。

3.　DFG による説明

3-1.　事務総長による説明

「補遺」の発表について、DFG 事務総長ドロテー・ツヴォネク（Dorothee

Dzwonnek）は 2013 年 7 月 4 日、メディアからの取材に対して以下の四つの補足事項を強調した [13]。

　第一は、若手研究者に関する提言である。提言 4 において新たに「博士課程の学生に対して、指導者と同様の基準で研究者として扱うこと」が明記された。ツヴォネクは「研究上の責任を分担して引き受けさせるそのような配慮は、とりわけ学問・科学の不正行為の防止には重要なのです」と述べており、お互い対等な立場におかれた研究組織の成員がセルフ・コントロールを高め合い、それによって防止および自浄作用が発揮されることを期待している。第二は提言 17 として新たに設けられた「内部告発者」に関する項目である。DFG は学問および科学におけるセルフ・コントロールの促進を基本理念にすえている。内部告発者が密告者として研究組織のなかで不当な扱いを受けることを防止するために、告発者への支援と保護とを明記した。第三はオンブズマン制度の強化である。DFG はオンブズパーソンへの新たな研修機会を開催し、かつ大学がオンブズパーソンの委員会を引き受けることを奨励する（提言 5）。研究不正行為の調査は高度な専門性および公開性を要求されるものであり、オンブズマン制度はドイツの取り組みの根幹を担っているという認識が示されている。第四は、研究不正行為に対する手続きの強化である。「あらゆる大学・研究機関は、すべての手続きの実施のために最長期間を得るように努めるべきである」（提言 8）と示された通り DFG は手続きに十分な時間が確保されることを明記している。これに加えて、たとえ入り組んだ手続きであっても、関係者すべての利益を守るという観点から、予測しうる期間内で手続きを終了することを推奨している。また、今回の改訂においては「規制や手続きが十分な法的基礎を持つこと」も推奨されており、手続きの厳密化への方針も示されている。

　ツヴォネクは改訂の重要性について「改訂によって DFG は学問・科学的な誠実さに対する弁護人であることが再び証明されたわけですが、この改訂によって私たちは、研究の質的保証を標準化していくことに大きく近づいていると言えます。重要なことは、この改訂に向けての、学

問・科学における迅速かつ無条件な転換なのです」と述べて、大学およ
び研究機関におけるセルフ・コントロールが「補遺」によって自発的に強
化および制度化されていくことへの期待を表明した。

3-2. DFG ボン本部でのインタビュー

　ボン本部でのインタビュー調査は 2013 年 8 月 30 日（金）に藤井と研究
協力者である山本隆太氏とで実施した。インタビュイーは法務担当の A
博士と実務担当の B 氏である。主たる質問とそれに対する回答の概要を
QA 方式で記しておく。

Q 1　「1998 年の提言以降、ドイツにおいて研究倫理の問題はどのような
　　　状況にあるか？」
A 1　「グッテンベルクの事件によって研究界が衝撃を受け、研究倫理を
　　　見直す必要性を強く感じた。また、昨今は研究界に対してメディア
　　　を通じた社会的圧力が高まっている。ドイツでは研究界内外から改
　　　めて研究倫理システムをチェックする必要性が叫ばれている状況に
　　　あった。」

Q 2　「なぜ 2013 年という時期に改訂を行ったのか？」
A 2　「提言の内容についていえば、1998 年版から 10 年以上が経過し、
　　　時代の変化によって顕在化した課題を埋めたのが 2013 年版といえ
　　　る。例えば新たに加筆された内部告発者に関する項目は 1998 年当時
　　　には重要だと考えられていなかったものであるが、今回の改訂では
　　　中心点となっている。また、より実践向けに補足されたという側面
　　　もある。2013 年は提言を実践に移していく時期であると考えている。」

Q 3　「オンブズマン制度についてどう考えているのか？」
A 3　「オンブズマンは DFG の助成金受給者を含む、大学のすべての研
　　　究者と関わり合う存在であり、その存在を通じて DFG の研究倫理の

考え方は浸透していくものと期待している。オンブズマン制度は1970年代からスウェーデンの取り組みを参照にドイツに取り入れられた制度であり、今回の改訂でも重点を置いた部分である。」

Q4 「なぜ英語版も公刊しているのか？」
A4 「研究不正行為は国や地域を超えても不正であるという意味で一般性を有しているし、国や地域を越えたグローバルな課題であると考えているからである。研究者であれば誰でも知っておくべきであるという認識を我々は持っている。補遺についても2013年中に英語版を公開する予定だ」

Q5 「今回の改訂についてどのような反応があるのか？」
A5 「補遺に対する一般あるいは各州の見解は知らない。また他の学術団体などは中間団体としてそれぞれ独立して存在しているため、組織的には通じていない。」

Q6 「研究不正行為は増加傾向なのか？」
A6 「DFGは自分たちが助成した研究プロジェクトに関する統計データしか持っておらず、ドイツ全体における研究不正行為について正確な数字はわからない。ただし、メディアなどの報道を見る限り、研究不正行為が増加しているという認識は持っている。DFGは、不正が起こらないように防止策を施すとともに、不正が起こった場合にどう対応・調査するのかを予め明らかにする責務があると考えている。」

Q7 「国際的にみても研究倫理への関心が高まっているが、他国と比較した際のDFGの特色は何か？」
A7 「DFGの取り組みの優れている点は他国の取り組みと比べて、研究不正行為に対する手続きを細かく規定している点にあり、また透

明性・公開性を担保しながら、研究不正行為を防止しようとしている点にあると考える。」

Q 8 「研究不正行為が明らかとなった場合にはどのような対応をとっているのか？」

A 8 「研究助成への応募資格の停止、助成の撤回、出版物の訂正や撤回、DFG 委員会メンバーからの除籍、投票権の停止などがある。これまでには助成金の返済を求めたケースについては聞いたことがない。」

Q 9 「若手研究者とはどの学位レベルを指すのか？」

A 9 「DFG の提言では博士号取得を目指す学生からを対象としているが、こうした教育・啓蒙活動は学部学生から対象とすべきであると考えている。」

Q10 「DFG の提言の後、他の学術団体も提言を出しているが関係があるのか？」

A10 「DFG の提言の後、ドイツ大学長会議（HRK）なども研究倫理に関する提言を出しているがそれらについては関知していない。それぞれ関係団体の事情がある。ただし、DFG が最初に公刊したことについては意義が見いだされる。最初に公刊するということは少なくとも先行したモデルとなるからである。」

Q11 「提言の項目のなかで特に重要な項目はどれか？」

A11 「どれも重要な項目に違いはないが、私たち二人の考えは提言 2 の各研究機関でルール化を進めることと提言 7 の研究データを 10 年間きちんと保管しておくことは特に重要だと考えている。また、研究不正行為というとネガティブな問題ばかりを扱っているような印象もあるが、優れた研究を支援していくというポジティブな役割を果

たしていくことが重要だと考えている。」

おわりに

2013年7月に公表された「補遺」において、DFG は新たに「研究公正のための欧州行動規範」(The European Code of Conduct for Research Integrity) および「研究公正の原則に関する宣言：グローバル・リサーチ・カウンシル・2013年5月」(Statement of Principles for Research Integrity, Global Research Council Mai 2013) に批准することを巻末に補足として示している。戦後ドイツは実務的にはヨーロッパを主導する役割を果たしながらも、大国主義のレッテルをかわすために EU 諸国との融和策を進めながら「学術外交」を進展させてきた。ヨーロッパ最大の研究助成機関である DFG もまた欧州科学財団（ESF）の動向とも歩調を合わせつつ、国際研究組織の構築およびその発展を支援しようとしている。今後、研究不正行為に対するドイツ的な取り組みが EU のなかでどのように受容あるいは評価されていくかを分析することは日本が取り得べきオルタナティブの参照事例となろう。

また、伝統的にドイツの大学および研究機関は自主性および自律性の文化を保持しつつ、オンブズマン制度に代表されるように「透明性」、「公開性」を原理とした防止策を推進してきた点にも特色を持つ。今回の改訂による「内部告発者」に関する提言導入はそうした方向性の堅持を示すものといえる。その一方で、インターネットを利用した剽窃に対してどの程度効力を有するかについては疑問の声もあがっている。そうした新たな課題については DFG がすべてに即座に対応していくというのではなく、ドイツ大学長会議（HRK）のガイドライン策定や各大学での倫理綱領および行動指針の改訂作業といったプロセスを循環させることを通じて、ドイツの研究文化に即した「学術研究の善き実践」のシステム構築が追求されていくこととなろう。そこには法化によるハードウェアとしての堅調さはないかもしれないが、伝統的に守られてきた研究界の自由な気風を損なわないソフトウェアとしての柔軟さが認められるように

思われる。

　最後に、ドイツの研究公正システムに関する分析について残された研究課題を示しておく。第一は、ドイツ型「研究公正システム」の他国への影響及び国際比較的な分析である。第二は、DFGを基軸とする国家レベルを超えたグローバルな枠組みの構築と展開に関する分析である。第三は、ドイツにおける研究不正の防止に向けた教育活動に関する分析である。これらの課題についての解明は紙幅の都合もあり他日を期したいと思う。

謝辞

　本研究の調査にあたりDFG日本代表部のヴォルフガング・フォイト（Wolfgang Foit）代表、日本学術振興会ボン研究連絡センターの小平桂一センター長および大川晴美元副センター長、西崎由里子現副センター長、未来工学研究所の依田達郎主任研究員、宮林正恭研究参与、理化学研究所の松澤孝明参事、ボン大学の安井正寛さん、中日新聞社の嶋崎史崇、静岡大学非常勤講師の山本隆太さんからご助言・ご協力をいただきました。記して感謝申し上げます。

【参考文献】

・徳本広孝、2006、「研究者の不正行為とオンブズマン制度：ドイツの取り組み」『明治学院大学法科大学院ローレビュー』2 (3)、61-73頁.

・藤井基貴・田中奈津子共訳、2014a、「ドイツ研究振興協会学術研究の善き実践の確保への提言——『学術研究におけるセルフ・コントロール』委員会の推奨」『知識基盤社会におけるアカデミック・インテグリティ保証に関する国際比較研究』科学研究費助成事業基盤研究 (B) 報告書（代表者：羽田貴史）.

・藤井基貴・田中奈津子共訳、2014b、「ドイツ研究振興協会『学術研究の善き実践の確保への提言』の補遺」同上.

・松澤孝明、2014a、「諸外国における国家研究システム (1) ——基本構造モデルと類型化の考え方」『情報管理』、vol. 56, No. 10, 697-711頁.

・松澤孝明、2014b、「諸外国における国家研究システム（2）──特徴的な国家研究公正システムモデルの比較検討」『情報管理』、vol. 56, No.11, 766-781頁.

・松澤孝明、2014c、「諸外国における国家研究システム（3）──各国における研究不正の特徴と国家研究公正システム構築の論点」『情報管理』、vol. 56, No.12, 852-870頁.

・山崎茂明『科学者の不正行為──ねつ造・偽造・盗用』丸善、2002年.

【注】

1）Hickling Arthurs Low Corporation（HAL), "The State of Research Integrity and Misconduct Policies in Canada", October, 2009.

2）参考文献、松澤（2014a).

3）Deutsche Forschungsgemeinschaft, Empfehlungen zur Sicherung guter wissenschaftlicher Praxis, 1998. 同提言の英語版についてもDFGのホームページより閲覧できる.

4）近年、日本においても研究倫理や研究不正行為に関する比較国際研究が進んでいる. そのなかでドイツについては1998年に出されたDFG提言が紹介されるに留まっており、まとまった論稿はそれほど多くない. そのなかでもっとも詳細かつ網羅的な研究成果として山崎茂明『科学者の不正行為──ねつ造・偽造・盗用』丸善、2002年、徳本広孝「研究者の不正行為とオンブズマン制度：ドイツの取り組み」『明治学院大学法科大学院ローレビュー』2（3）、2006年、61-73頁がある.

5）世界的に有名な物理学者マックス・プランク（Max Karl Ernst Ludwig Planck）の名を冠したマックス・プランク協会Max-Planck-Gesellschaft）は、独立した非営利研究機関であり、主として自然科学および人文科学における基礎研究を担っている. フフラウンホーファー協会（Fraunhofer-Gesellschaft）は民間企業、公営企業を中心とした応用研究を推進し、80以上の研究ユニットを擁しており、応用研究においてはヨーロッパ最大の研究機関とされる. 同研究所においては、工業・サービス部門の企業、官公庁から委託研究に加えて、関連情報の提供等も行っている. ヘルムホルツ協会（Helmholtz Gemeinschaft）は、現代社会が直面している課題解決のための科学技術研究を推進しており、同協会は17の科学技術・生物医

第 5 章　ドイツにおける研究公正システムの構築

学研究センターを有している．ライプニッツ協会（Leibniz Gemeinschaft）は、社
会の重要な研究テーマを総合的に研究する 87 の研究所が所属する機関であり、同
研究所においては研究環境の各種研究上の支援（紹介、コンサルティング、技術
移転など）が行われている．

6 ）http://dfg.de/en/dfg_profile/statutory_bodies/index.jsp（2014 年 11 月 30 日最終アク
セス）

7 ）参考文献、松澤（2014b）771 頁．

8 ）表 1 の作成にあたっては Frank van Bebber, Im Fadenkreuz der Wahrheit, "duz
MAGAZIN" 2013 及び「ドイツ研究オンブズマン」事務局から提供された資料を
参考にした．

9 ）シェーンはその後、出身大学であるドイツのコンスタンツ大学から博士号を剝
奪される．ベル研究所はアメリカの研究施設であるが、シェーンは当時コンスタ
ンツ大学にも研究所を有しており、ベル研の同僚たちも彼の実験がどこで行われ
ているのか判然としなかった．そのことも不正の発見に遅れた要因とされてい
る．「ベル研事件」は国をまたいだ研究不正行為への対応についても課題を示すも
のとなった．

10）近年では論文が剽窃を含んでいる可能性を検証するサイト「ヴロニプラーク・
ウィキ」（VroniPlag Wiki）なども開発・公開されており、博士号を持つ政治家に
対する剽窃疑惑の指摘が相次いでいる．

11）Hans-Christoph Keller und Frank van Bebber, Wer Alarm gibt, darf nicht bestraft
werden, *duz Magazin*, 06/13, 31. Mai 2013, http://www.duz.de/duz-magazin/2013/06/
wer-alarm-gibt-darf-nicht-bestraft-werden/178.（2014 年 11 月 30 日最終アクセス）

12）このことについては、藤井基貴「ドイツにおける研究倫理への取り組み（2）――
オンブズマン制度の検討を中心に」『教育学部研究報告（人文・社会・自然科学
編）』65 号、静岡大学教育学部編、2015 年 3 月も参照のこと．

13）DFG legt überarbeitete "Empfehlungen zur Sicherung guter wissenschaftlicher Praxis"
vor, *Pressemitteilung*, Nr. 27, 4. Juli 2013,
http://www.dfg.de/service/presse/pressemitteilungen/2013/pressemitteilung_nr_27/index.
html.（2014 年 11 月 30 日最終アクセス）

第6章 中国における学問的誠実性の取り組み

叶 林（中国・杭州師範大学）

1. 重要用語の概説

Academic Integrity を中国語に翻訳すると、「学術誠信」である。すなわち学術誠実のことである。既存の法規に、「学術誠信」への解説が存在していないが、下記の様々な類義語がよく使われている。

「学術道徳」：すなわち学術研究倫理のことである。同義語は「科学道徳」である。教育部の省令（2006）によれば、「学術道徳」は科学研究の基本倫理規範であり、社会道徳の重要な領域である。政府は、学術道徳維持の基本要求について、「教育研究に献身し、社会にサービスする歴史的使命感、社会責任感を強化すること、事実に基づいて真実を求める科学精神及び厳格な学問研究態度を堅持すること、法律を守ること、知的所要権を保護すること、他人の労働と権利を尊重すること、まじめに職責を履行すること、学術評価の客観性や公正性を維持すること、「為人師表」（教師が学生の良い手本とならなければならないこと）、「言伝身教」（言行ともに自ら人の手本となること）などを提言した（教育部2002）。

「科研誠信」：「学術誠信」あるいは「科学誠信」とも呼ばれている。研究者が科学研究活動を遂行する中で、真理を追求する、真実を求める、革新を擁護する、開放と協力という科学精神を大いに発揚し、関連の法律法規を遵守し、科学技術に関する倫理を守り、科学コミュニティで合意された行動規範を従うことを指す（科学技術部等2009）。

「学術不端行為」：すなわち学術活動における不正行為（Academic Misconduct）のことである。狭義には、論文・データの捏造（Fabrication）、偽造／改ざん（Falsification）、剽窃／盗用（Plagiarism）を不正行為として捉えることが国際的な通例である。広義の「学術不端行為」とは、上述

121

の FFP も含む、科学研究や学術活動を展開する際に、科学共同体（Academic Community）公認の科学研究行為の準則あるいは科学倫理を違反する行為である（中国科学院 2004；国家自然科学基金委員会 2005；科学技術部 2006；中国科学技術協会 2007）。

「学風建設」：『新華字典』（北京商務印書館）によれば、「学風」とは学校、学術コミュニティまたは一般の学習活動が持つ気風である。学術道徳と互いに促進し合い、相互補完の関係にある（教育部 2002）。また、学問的誠実性は学風建設のキーポイントである（楊衛 2012）。

上記の各用語は、学問的誠実問題に対し、各機関で使われている異なる呼称である。適用対象を見ると、「学術道徳」、「科研誠信」、「学術不端行為」などの用語は、主に研究者、教員を対象とするが、「学風建設」は、教員と学生を対象とする。剽窃、偽造、改ざん、論文の商売、カンニングなどの学生による不正行為も含まれる。

2. 不正行為への対応の経緯

1990 年代、学問的誠実問題が社会の注目を集めた。『中国書評』は先に立って、研究活動に係る行動規範に関する議論を呼びかけた。1994 年の 1 年間で、当該雑誌に 25 本の関連論文が掲載された。その影響を受け、その後の 10 年間、『学人』、『現代と伝統』、『歴史研究』、『文匯報』、『中華読書報』、『光明日報』、『北京青年報』、『米国研究』、『社会科学報』、『中国社会科学』等国内知名度の高い新聞紙、雑誌に、更に 50 本ほどの研究者の行動規範に関する論文が掲載され、全国的にも大反響を呼んだ（井建斌、2000）。

その背景には、当時研究者による不正行為が相次いで報告されていることがある。楊玉聖（1998）は当時不正行為の主な特徴を以下のようにまとめた。(1) 他人の成果を尊重する意識の欠乏、(2) 健全の学術評価システムの欠乏、(3) 学術情報の蓄積と問題意識欠乏、(4) 自説に固執し、国際的な学術基準に一致しない、(5) 低水準の重複発表と学術バブル、(6) 学術道徳の堕落、その中でも剽窃問題は最も深刻である。

第6章　中国における学問的誠実性の取り組み

　1990 年代後半から、幾つかの研究者組織が、自発的に科学研究活動における不正行為への対応策を求めた。1996 年、最大の科学技術学術団体である中国科学技術協会は「科学技術工作者道徳与権益専門委員会」を設置し、研究における不正行為に対する調査の実施や、研究者行動規範の作成に努力してきた（韓啓徳 2006；中国科学技術協会 2011）。その後、中国科学院の「学部 [1] 科学道徳建設委員会」（1997 年）、中国工程院の「科学道徳建設委員会」（1997 年）、そして、国家自然科学基金委員会の「監督委員会」が相次いで設置された。指摘したいのは、当時の行動規範作成、不正行為調査、告発対応などの体制整備は、一部の人々（院士、国家自然科学基金の申請者など）にとどまっている。

　21 世紀に入っても、相変わらず研究活動に関わる不正行為が次々と発覚し、「漢芯事件」[2] 等一部の事件が国内だけではなく、国際的にも話題となった。政府は問題の深刻さを痛感し、不正行為防止対策に関する取り組みを強めてきた。2006 年 11 月、科学技術部は、『国家科学技術計画実施中における不正行為の処理方法』（試行）（原語：「国家科技計劃実施中科研不端行為処理弁法」）を公布した。それは政府として初めて作られた条例である。また、科学技術部に「科研誠信建設事務室」が設置された。国家による学問的誠実問題への対応が本格的に始まった。

　その時期の政府は多機関連携による体制作りに力を入れた。2007 年、科学技術部が、教育部、中国科学院、中国工程院、国家自然科学基金会、中国科学技術協会と連携し、「科研誠信建設聯席会議」（以下、「聯席会議」を称す）制度を創立した。「聯席会議」のトップには科学技術部部長が就任し、メンバーは各省庁の責任者である。メンバー数は 12 である [3]。「聯席会議」の主な役割は、全国の科学技術界の学問的誠実性の保証の指導、重大政策の策定と実行である。各省庁、地方教育行政組織も、それぞれの組織建設や政策策定に取り込んできた（付録 1 を参照）。そのような組織、規程の整備により、中国の学術不正行為への対応体制が形成されつつある。図 1 は大学の場合の対応体制を示している。

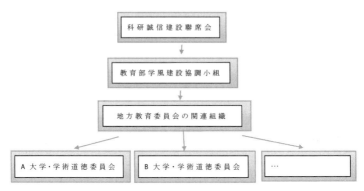

図1　不正行為への対応体制（大学の場合）

3. 狭義の学術活動における不正行為

　上述のように、捏造（Fabrication）、偽造／改ざん（Falsification）、剽窃／盗用（Plagiarism）いわゆるFFPは各国の研究不正概念の中核に据えられている。しかし、学術活動における不正行為はそれだけではなく、非常に複雑である。筆者は、国内三つの機関が提示した狭義の学術活動における不正行為を整理した（表1を参照）。

　表1を見ると、それぞれの機関が理解している狭義の不正行為の種類が一致していないことが分かる。各機関は、自らの事情に基づき、不正行為の定義を設定している。中国科学院（2007a）の場合、特に「意図的」行為は学術活動における不正行為を判断する際のキーワードであることを強調した：「他人の文字及び概念を自分のものとして発表する、意図的に他人の成果を引用した事実を省略し、新しい発見、発明したイメージを押し付けさせる。または、引用の際に、意図的に内容を改ざんし、切り取って使う」。

　方玉東、陳越（2011）は、内容分析という研究方法を使って、科学技術部、教育部、中国科学院、中国工程院、国家自然科学基金会、中国科学技術協会が作成した14本の関連政策テキスト、8校の「985工程」大学の8本の関連規定を分析し、これらの文書で最も言及された学術活動に

第6章　中国における学問的誠実性の取り組み

表1　三機関による学術活動における不正行為の種類

科学技術部（2006）	中国科学院（2007a）	教育部（2009）
1．他人の科学研究成果を剽窃する	1．他人の著作権を侵害する（例：オーサーシップの侵害、他人研究成果の剽窃）	1．他人の学術成果を剽窃、横領する
2．科学研究データを捏造あるいは改ざんする	2．意図的に偽りの陳述をする（例：データの捏造と改ざん、生文字記録と図の改ざん、プロジェクト申請、研究成果受賞申告、応募の際に偽りの陳述をする） 3．職業倫理に違反し、他人の重要の学術観点、仮説、理論、研究計画を利用する（例：無断でピア・レビューを通じて上述の情報を獲得する） 4．研究成果発表及び出版における不正行為（例：同じ研究成果を複数の出版機関に提出する、形式を変わって、中身が同じ研究成果を再び発表する）	2．他人の学術成果を改ざんする 3．データや文献を捏造、偽造し、事実を捏造する 4．注釈を偽造する
3．人的実験の際に、インフォームド・コンセント、プライバシー保護などの規定に違反する		
4．実験動物保護の規範を違反すること		
5．その他の学術活動における不正行為	5．意図的に他人の研究活動を妨害する（例：研究の際に使う器具、設備、文献資料、データ、ソフト等の物品を意図的に壊す、力ずくで奪う、握り潰す） 6．研究遂行時に社会道徳に違反する（例：研究費を詐欺する；不正な利益の獲得を目的とし、公的研究資源を濫用する；個人履歴書、科研申請書、応募申請書、公開声明に意図的に正しくない情報、誤解させる情報を掲載する；あるいは重要な情報を隠す）	5．自分が研究に参与していないが、他人の学術成果に署名する 6．他人の署名を許可を得ず使用する 7．その他の学術活動における不正行為

125

おける不正行為を以下の8類をまとめた。方玉東、陳越（2011）は、多くの機関が下記不正行為に強い関心を持っていることから、これらの不正行為が相当深刻化していると指摘した[4]。

①二重投稿と重複発表（Repetitive Publication）
②研究成果の意図的誇張によって、不正利益を獲得すること
③他の研究者の学術思想と研究計画を盗むこと
④直接、間接または潜在の利益相反のため、虚偽の学術評価を行うこと
⑤研究経歴や研究業績を偽造すること、重要な情報を隠すこと
⑥不適切なオーサーシップ（Gift Authorship）
⑦文献やデータの捏造（Fabrication）あるいは改ざん（Falsification）
⑧他人の研究成果を剽窃（Plagiarism）すること

4. 責任がある研究行為（Responsible Conduct of Research）

すべての学術活動における不正行為の一覧表を作るのはきわめて難しい。そして、不正行為の周辺には、さらに様々な「疑わしい研究行為」（QRP: Questionable Research Practice）も存在する[5]。これらのQRPは、厳密に不正な行為と言えないものの、その弊害を看過ごすことはできない。そのため、近年、不正行為ではなく、責任がある研究行為の重要性が主張された。

2007年、中国科学院（2007b）は信義誠実、信任と質疑、相互尊重、公開性という4つの科学の道徳準則を提唱した。また、中国科学院（2007a）は『関与加強科研行為規範建設意見』を公布し、中国科学院における研究活動に関する倫理の根幹について、以下の基本準則を提出した。

(1) 道徳準則：中華人民共和国公民の道徳準則を遵守する。
(2) 誠実原則：事実に基づいて真実を求める。他人の研究成果を尊重する。収集、発表したデータの有効性と正確性について責任を負う。

第 6 章　中国における学問的誠実性の取り組み

(3) 公開原則：国家の秘密と知的財産権を保護することを前提し、
　　科学研究のプロセスと結果に関する情報を公開する。事実に基づ
　　いて研究成果を国民に紹介する。

(4) 正義原則：競争相手、協力者の貢献を適切に承認し、評価す
　　る。研究成果における間違いとミスに対し、適切な方式で承認
　　し、不道徳また非法の手段を使って、競争相手の科学研究活動を
　　妨げてはいけない。

(5) 知的財産権の尊重：研究成果を発表する際に、創造的な貢献を
　　果たし、関係部分の責任を持つ人もオーサーシップを持つ。研究
　　に関わる助手、または支持やサポートをしてくれた人員と機関に
　　対し、出版物を通じて、感謝の旨を伝えるべきである。

(6) 声明と回避原則：研究活動における利益相反が発生する際に、
　　すべての関係者が声明を発表し、必要の場合には回避すべきであ
　　る。

　現在、関連のホームページ[6]、または各機関が出版した関連文献も、
学術規範あるいは責任がある研究行為の普及と教育に力を入れている
（付録 2 を参照）。要するに、学問的誠実問題に対し政府、機関の対応
は、従来の不正行為への監督、制裁から責任がある行為の啓蒙と教育へ
重点が移行している。

5. 学問的誠実問題の研究動向

　2011 年から、教育部が人文社会科学分野の領域で、科学研究誠実及び
学風建設特別事業を発足させた。学問的誠実問題の研究を促進するため
の事業である。申請資格を持つのは教育部が指定した約 60 校のみであ
る。重点プロジェクトとした採用される場合、研究グループに対し、1 件
あたり 50 万元以内の研究費を支給する。一般プロジェクトとして採用さ
れる場合、研究グループに対し、1 件あたり 10 万元以内の研究費を支給
する（教育部 2013）。毎年、教育部は支援する研究領域を定めて課題の提
案募集を行っている。以下、各年度の募集要項に基づき、国内における

学問的誠実問題の研究動向を見てみよう。

重点プロジェクトの課題提案を見ると、主に以下の三点に重点が置かれている。

第1は、主にアメリカ、ドイツ、イギリス、フランス、日本、韓国などの先進国及びインド、ブラジルなど中国と同じ発展途上国の事例（各国研究者の行動規範、学問的誠実を維持するためのメカニズムなど）を紹介することである、外国経験の適用性、有効性を考え、中国への示唆を得ることが研究目的である。

第2は、自国の学問的誠実問題である。倫理道徳、是非、善悪などが中国の伝統文化の中心概念を再認識したり、歴史上の学問的誠実を維持する GOOD PRACTICE を整理したり、歴史の経験及び教訓から示唆を得るのは研究目的である。

第3は、自国の学問的誠実性を維持するための政策提案である。教育部は、2020 年まで科学的、規範的、効率の高い現代科学研究制度の形成を目標としている（李衛紅 2013）。学問的誠実性の維持は目標を達成するための基盤である。したがって、2014 年度の課題提案は、当該領域の実証研究を通じて、この改革への政策提言を奨励する。

一般プロジェクトの課題提案は、基本的に、毎年度の重点プロジェクトの趣旨に基づき、理論研究から実証研究までより細かいテーマを提示している。これらの課題は、今日の大学が抱える緊急課題と推測できる。中にも、論文代筆、所属機関が被告発者を擁護すること、SSCI 偏重、論文数重視の評価体制など深刻化している問題に対し、継続的に提案し、対策案を求めている（表2を参照）。

6. 大学による対策

近年、大学で学術不正事件が多発している。現状を改善するため、教育部が複数の通知を出し、大学に適切な措置をとることを督促してきた（付録1を参照）。大学に求めることは主に以下の通りである（教育部 2011a）。

第1点は学内の教育活動の強化である。まず、教員を対象に、毎年学

第6章　中国における学問的誠実性の取り組み

表2　教育部科学研究誠実性及び学風建設特別事業の課題提案概要

	重点課題提案	一般課題提案
2011 年度	各国の研究行動規範の研究、各学問領域の方法論研究	①学問的誠実問題に関する理論研究；②大学における学問的誠実性の教育を強化する研究；③大学における人文社会科学研究成果の評価体制の研究；④SSCI、A&HCI、CSSCI 等の引文データが研究成果評価に果たす役割研究；⑤学術の無規範及び学術不正行為の制度的根源とその対策研究；**⑥違法の学術論文売買現象の調査と対策研究**；⑦学問的誠実に関する法規及び法律など保証体制研究；⑧人文社会科学研究成果の評価に関する国際比較研究；⑨国内外の学術雑誌投稿採用規定と他の規範に関する比較研究；⑩大学院生の研究行動規範及び学術道徳教育に関する研究；**⑪自国の学術管理体制に関する研究**
2012 年度	①外国人文社会科学の研究行動規範及びその適用性、有効性に関する研究②中国伝統文化と学術道徳、学術評価に関する研究	①良い学風、研究倫理を維持し、学術不正行為を対応するためのメカニズム、組織作りに関する研究；**②学風建設の際に、機関の自己保護主義による消極的影響と対策研究**；③デジタル、ネット技術の学問的誠実維持における役割研究、④人文社会科学の各学問領域の特徴にふさわしい評価システムに関する研究；⑤**SSCI、A&HCI、CSSCI 等の引文データが研究成果評価に果たす役割研究**；⑥人文社会科学研究の評価に関する国際比較研究；**⑦違法の学術論文売買現象の調査と対策研究**；⑧学問的誠実に関する法規及び法律など保証体制研究；**⑨自国の学術管理体制に関する研究**
2013 年度	人文社会科学の各学問領域の特徴にふさわしい分類評価基準及び評価指標システムに関する研究	①社会科学領域における学術不正行為の認定細則；**②学風建設の際に、機関の自己保護主義による消極的影響と対策研究**；③合理的科学研究評価制度を構築するための研究；④科学研究評価における量的、質的評価基準の制定に関する研究；⑤論文代筆の原因、後果及び対策に関する研究；⑥共同革新体制を促進するための人文社会科学研究体制に関する研究；**⑦違法の学術論文売買現象の調査と対策研究**
2014 年度	哲学、社会科学研究領域における総合改革に関する研究	①自国科学研究誠実及び学風教育活動の効果に関する研究；②研究成果のピアレビューシステムに関する研究；③第三者による評価体制に関する研究；④科学研究成果の買い戻す制度に関する研究；⑤大学生学問的誠実性の評価システムに関する研究；⑥「研究課題制度」という研究管理モデルの研究；⑦社会科学領域の共同オーサーシップに関する不正行為の認定と治理に関する研究；⑧国内外学術雑誌による不正行為対策のケーススタディー

出所：教育部「科学研究誠実及び学風建設特別事業」各年度公募要項（2011b、2011c、2012、2013）
注：2 回以上重複したテーマはボールド体で表示

129

問的誠実性の教育活動を行う。また、年度ごとの教員の業績評価の指標
に、学問的誠実性を入れる。そのため、研究誠実ファイル（原語：「科研
誠信档案」）を導入する。そして、学生を対象とする様々な説明会[7]を
行う一方、学部生を対象とする科学倫理講座も提供する。

　第2点は業績評価システムの改革である。政府の方針として、量的評
価を過度に重視しないこと、研究の独創性や貢献度などの指標をより重
視すること、学術評価を単純に学術奨励、物質的奨励報酬、職務昇進と
リンクしないことなどが挙げられる。

　第3点はプロセス管理の強化である。そのため、実験生データの記録
及び検査制度、学術成果の公示制度、論文の実験データ審査制度、卒業
及び離職の際に研究資料を提出する制度、論文投稿著者の署名保存制度
などの管理制度を創立する。科研プロジェクトの審査制度、学術成果の
評定制度などを改善する。また、科研申請中の情報公開、異議申立て、
ネット上の告発受付などの措置で、研究管理の公開性と透明性を高める。

　第4点は研究不正行為の処分体制の制度化である。基本的には、当事
者所属の大学が不正行為を調査する。告発を受付したら、大学の学術委
員会あるいは学術道徳委員会が5人以上の専門家を集め、学問的観点か
ら独自の調査を行う。調査結果は当事者に公開し、異議の場合、上位機
関に「異議申立て」を行う。処分の種類は、科研申請資格のキャンセ
ル、職階及び職務昇進の延期、大学院生指導資格の取り消し、任期解
除、学位の取り消しなどである。法律に違反する場合、その責任も追究
する。学生が不正行為が生じた場合、関係の規則に基づき処分する。

7. 今後の課題

　今まで、上述のように、政府、各機関が様々な対策を出してきてい
る。しかし、研究不正事件が依然として減っていない。楊衛（2012）
は、学術誠実問題を生じた根本的な原因を主に、以下の4点をまとめた：
①学術研究は名利の誘惑に駆られる職業になってしまったこと、②社会
が研究者の研究業績に対する期待とプレッシャーが大きくなり、不正競

争、同僚からの圧力、量的評価偏重の評価システムなどの現象が現れたこと、③職業道徳と学問的誠実教育が不足であること、④不正行為への認定、ペナルティ措置の不十分であること。

最後に今後の主な課題をあげておく。学問的誠実問題の改善は依然として「任重くして道遠し」といえよう。

(1) 法令整備を促進する

今まで、学術不正行為に対し、主に「通知」、「意見」、「規範」などの政策文書を出してきた。しかし、これらは法令ではなく、現実にはその適用範囲には限界が存在する。学者の学問的誠実性を維持するための基礎は自律であるが、科学研究活動の複雑化、競争の白熱化により、自律だけではなく、他律的な制度づくり、特に厳しい内容をもつ法令の整備と合わせて、学術不正行為を対応していくべきだろう。法整備不十分の場合、また政府の決定事項に対し、人々が抜け道を考え出してしまう（いわゆる「上有政策、下有対策」）。

(2) 既存政策を確実に実行させる

今まで、不正行為に対し、政府はゼロ容認という強硬姿勢に打って出てきた。教育部最新の文書（2014）も、再び「大学における学術不正行為の処分方法を制定し、厳しく不正行為に歯止めをかける」と指示した。しかしながら、近年相次いで起こっている学術不正事件を見ると、政策確実に実行させたかどうかに疑問がある。中国には、「刑・罰としての板子を高くあげたが、結局軽く打ってしまった」」という有名な言葉がある。その言葉はある程度現在学術不正行為に対しする関係者の態度を反映している（李苑 2014）。今後、政策実行時の監督を強化すべきだろう。

(3) 横断的、独自性を持つ公的機関の設立が望ましい

現在、非正式の組織としての「聯席会議」を中心とする連携体制が構築されている。各構成員も積極的に不正行為を対応してきた。しかし、

各機関による定義、不正行為の認定基準、処分規則などにおいて異なる点が多い。また、従業員の不正疑惑を所属機関が調査することは原則である。「家の恥は外で言いふらすな」（原語：家丑不可外揚）という中国の伝統観念の影響を受けるかもしれないが、不正事件が告発された場合、所属機関が真剣かつ公正的対応できるかどうか言いにくい。西安交通大学李連生教授の学術不正行為の解明には、3年間もかかったのは教訓である。したがって、米国の研究公正局（ORI）のような横断的、独自性を持つ公的機関の設立が望ましい。

（4）不正行為防止のための教育・啓発活動を普及させる

今まで、政府、各機関、大学など、様々の主体が科学倫理教材の出版、説明会の開催、一部の大学では研究倫理に関する授業の実施[8]、専用ホームページ[9]の開設などに力を入れた。

しかし、これらの教育・啓発活動は制度化されていないため、実施大学が少ないし、全く知らない教員、学生も大勢いる。また、前述の教育部の「科学研究誠実及び学風建設特別事業」は今年四年目になったが、完成した研究成果内容を一般に公知していない。もっと多くの関係者に研究成果を還元すべきだろう。

付録1　主な学問的誠実問題に関わる機関とその活動概要

創設年	名　　称	適用対象	主な活動	主な規定、出版物
1996	中国科学技術協会・「科学技術工作者道徳与権益専門委員会」	会員と他の科学技術工作者	学術誠実問題の研究、宣伝、提案、学会活動の監督など	『科技期刊道徳公約』（1999）、『科技工作者科学道徳規範：試行』（2007）、『科学道徳規範』（2009）
1997	中国科学院・「学部科学道徳建設委員会」	中国科学院院士	行動規範作成、不正行為告発受理、調査協力、処分提案、関連研究の推進など	『中国科学院士科学道徳自律准則』（2001）；『中国科学院院士違背科学道徳行為処理方法』（2004）；『関与院士兼職問題的意見』（2006）
1997	中国工程院・「科学道徳建設委員会」	中国工程院院士	行動規範作成、不正行為受理、調査、処理、事例研究など	『中国工程院院士科学道徳行為准則』（1998）；『中国工程院院士科学道徳行為准則若干自律規定』（2001）；『中国工

第 6 章　中国における学問的誠実性の取り組み

				程院関与渉及院士科学道徳問題投訴件的処理規定』(2002)
1998	国家自然科学基金委員会・「監督委员会」	国家自然科学基金の関係者	規則作成、提訴や告発の受理、協力調査、処理、基金申請プロセス監督、学術的誠実教育など	『対科学基金資助工作中不端行為的処理方法（試行）』(2005);『国家自然科学基金条例』(2007)
2006	中国科学技術部・「科研誠信建設弁公室」（専任スタッフ）	科学技術研究の従事者	不正行為告発の受理、調査協力、処分公表、研究提案、「中国科研誠信ネット」の運営など	「国家科技計画実施中科研不端行為処理弁法（試行）」(2006)
2007	「科研誠信建設聯席会議」	国家レベルの学術誠実問題の指導	国家全体の政策作成と指導	「関与加強我国科研誠信建設的意見」(2009)
2007	中国科学院・「科研道徳委員会」（事務室は監察審計局に置く）	中国科学院本部及び付属機関の構成員（院士以外の者）	政策作成、監督（告発の受理、処分公表10)、付属機関11)の道徳委員会の仕事の指導、調査	『関与加強科研行為規範建設意見』(2007a)、『科学理念的宣言』(2007b)
2009	中国教育部・「学風建設協調小組」（社会科学委員会と科学技術委員会を含む）	高等教育機関の構成員	政策作成、宣伝、不正行為告発の受理、調査、処理など	『関与加強学術道徳建設的若干意見』(2002);『関与厳粛処理高等学校学術不端行為的通知』(2009);『教育部関与切実加強和改進高等学校学風建設的実施意見』(2011)
2010	中国中医科学院・「科学研究道徳委員会」、「医学倫理委員会」	中国中医科学院構成員	規範作成、知的所要権の保護、医学領域における倫理問題の基礎研究の促進	不明
2014	上海市教育委員会・「高等教育機関学風建設指導グループ」	上海市高等教育機関	政策作成、宣伝、監督、検査、異議申立ての受理、調査、処理	『上海高等学校学风建设实施细则』

注：各機関の HP より整理

付録 2　各機関が出版した学問的誠実に関する文献の概要

機関名	書名	出版年	目次
中国科学院	『科研活動道徳規範読本』	2009	第 1 章　科学及び科学研究活動 第 2 章　科学研究活動の基本規範 第 3 章　科学研究活動における不正行為 第 4 章　科学道徳の建設
教育部	『高等学校人文社会科学学術規範指南』	2009	1.　基本概念　　　　　　　2.　学術倫理 3.　テーマの選び、資料の収集の規範 4.　引用と注釈の規範　　5.　成果発表の規範 6.　学術的評論の規範　　7.　学術的評価の規範 8.　学術資源の獲得、権益の自己保護
	『高等学校科学技術学術規範指南』	2010	第 1 章　基本概念 第 2 章　科学技術研究者として守るべき学術規範 第 3 章　学術規範における関連規定 第 4 章　学術不正行為の定義
科学技術部	『科研誠信知識読本』	2009	第 1 章　基本概念 第 2 章　科学精神及び研究者の責任 第 3 章　研究遂行上における誠信 第 4 章　成果発表や評価における誠信 第 5 章　科学研究対象の保護 第 6 章　研究上利益相反衝突の影響と制御 第 7 章　研究不正行為及びその調査処分 第 8 章　全面的にわが国の科学研究誠実建設を促進
	『科研活動誠信指南』		1.　研究テーマの選び　　2.　科研の申請 3.　研究資源の配置　　　4.　データの収集と使用 5.　データの保存と共用 6.　研究倫理と実験対象の安全問題 7.　文献引用　　　　　　8.　業績のオーサーシップ 9.　投稿と発表　　　　　10.　ピア・レビュー 11.　学術交流と共同研究　12.　成果の所属及び譲渡 13.　利益相反の回避　　　14.　教育、研修及び指導 15.　科研管理　　　　　　16.　研究不正行為の予防

【注】

1 ）中国科学院には、6 つの学部がある（数学物理学部、化学部、生命科学及び医学学部、地学部、情報技術科学部、技術科学部）

2 ）汉芯事件（Hanxin Events）：2003 年 2 月、当時上海交通大学微电子学院院長の陳進教授は"漢芯一号"を発明した．それをきっかけて、数十の科研プロジェクトを申請し、一億元以上の研究費を詐取した．

3 ）2009 年、財政部、人力資源と社会保障部、衛生部、解放軍総装備部が加盟し、2011 年、新闻出版総署と中国社会科学院も加盟した（「中国科研誠信ネット：

第 6 章　中国における学問的誠実性の取り組み

http://www.sinori.cn/jsp/index.jsp」より整理).

4 ）近年、科学研究費の不正使用事件が次々と発覚したことを背景に、2014 年 10
月、教育部は、「深入推進高等学校懲治与予防腐敗体系建設的意見」を公布し、
科学研究費使用の不正行為を厳しく処罰することを言及した. 従来あまり重視さ
れないこの不正行為の深刻さが明らかにした.

5 ）例えば、①研究計画や実施中非意図的なミスや不足、②評価方法や結果に対す
る解釈、判断のミス、③研究水準と能力によるミス、④科学研究活動と関係ない
ミス（中国科学院 2007).

6 ）科学技術部が運営する「中国科研誠信ネット」（http://www.sinori.cn/jsp/index.
jsp）、教育部が運営する「中国大学人文社会科学情報ネット学風建設コラム」
（http://www.sinoss.net/guanli/xfjs/）が挙げられる.

7 ）例えば、毎年、大学院生を対象とし、教育部が中国科学技術協会等の関係機関
と連携し、「科学道徳と学風建設」説明会を全国各地で開催している. また、教育
部が専門家を招聘し、各地で『科学技術学術規範指南』の説明会を開催する.

8 ）例えば、清華大学は学部生、大学院生を対象とする「科研誠信」授業を実施し
ている. また、「研究倫理」は復旦大学院生の必修科目です（方玉東 常宏建 陳越
2012).

9 ）代表的に挙げられるのは「四川大学学術誠実及び科学探求ネット」（http://
gs.scu.edu.cn:8090/）である. 科学先端情報、学術規範ガイドライン、GOOD
PRACTICE、学術不正事例、オンラインテス、などのコラムを設定し、学生に発
信している.

10）中国科学院の「科研道徳委員会」は、科学院の局級以上の幹部と本部の職員の
不正行為の告発を受理する. 付属機関の職員の不正行為の告発はそれぞれの付属
機関に置く「科研道徳委員会」が受理する.

11）118 の付属機関（98 研究所、2 大学とその他の組織）

【参考文献】

・方玉東　陳越、2011、「科研不端行為：概念、類型与治理（上）」、『中国高校科
技』、第 8 号、15-17 頁

・方玉東　常宏建 陳越、2012、「科研誠信建設応従教育抓起」、『中国科学基金』、第 1
号、25-27 頁

・国家自然科学基金委員会、2005、「対科学基金資助工作中不端行為的処理方法（試
行）」

・韓啓徳、2006、中国科協主席韓啓徳答記者問、
http://www.cast.org.cn/n35081/n35473/n35518/10017286_5.html

・教育部、2002、「関与加強学術道徳建設的若干意見」

・教育部、2006、「関与樹立社会主義栄辱観　進一歩加強学術道徳建設的意見」

・教育部、2009、「教育部関与厳粛処理高等学校学術不端行為的通知」

・教育部、2010、『高等学校科学技術学術規範指南』、中国人民大学出版社、69 頁

・教育部、2011a、「教育部関与切実加強和改進高等学校学風建設的実施意見」

・教育部、2011b、「関与 2011 年度教育部人文社会科学研究専項任務項目（科研誠信和
学風建設）申報工作的通知」、http://www.sinoss.net/2011/0307/31177.html

・教育部、2011c、「関与 2012 年度教育部人文社会科学研究専項任務項目（科研誠信和
学風建設）申報工作的通知」、http://www.sinoss.net/2011/1017/36829.html

・教育部、2012、「2013 年度教育部人文社会科学研究専項任務項目（科研誠信和学風
建設）申報工作的通知」、http://www.sinoss.net/2012/1210/44026.html

・教育部、2013、「2014 年度教育部人文社会科学研究専項任務項目（科研誠信和学風
建設）申報工作的通知」、http://www.sinoss.net/2014/0102/48982.html

・教育部、2014、「教育部 2014 年工作要点」、
http://www.moe.gov.cn/publicfiles/business/htmlfiles/moe/moe_164/201401/163169.html

・井建斌、2000、「学術規範与学風建設──90 年代中国学術界新的関注熱点」、『学術
界』、第 5 号、239-249 頁

・李苑、2014、「板子高、打得軽、学術抄襲几時休？」、『光明日報』、1 月 25 日、4 版

・李衛紅、2013、「深化哲学社会科学科研領域総合改革」、『中国教育報』、12 月 4 日、
1 版

・科学技術部、2006、「国家科技計画実施中科研不端行為処理弁法（試行）」

・科学技術部等、2009、「関与加強我国科研誠信建設的意見」

・科学技術部、2009、『科研誠信知識読本』、科学技術文献出版社、170 頁

第 6 章　中国における学問的誠実性の取り組み

・楊衛、2012、「学術誠信是大学精神的根本」、『光明日報』、2012 年 4 月 23 日、16 版

・楊玉聖、1998、「学術打假与学風建設」、『河北経貿大学学報』第 4 号、1-9 頁

・中国科学技術協会、2007、「科技工作者科学道徳規範（試行）」

・中国科学技術協会、2011、「科学技術工作者道徳与権益専門委員会」

　 http://zt.cast.org.cn/n435777/n435799/n13518146/n13518511/13522275.html

・中国工程院、1997、「中国工程院科学道徳建設委員会職能及び工作制度」

・中国科学院、2004、「我国科学道徳与学風問題基本分析和建議」

・中国工程院、2005、『中国科学院院士違背科学道徳行為処理弁法』（試行)』

・中国科学院、2007a、「関与加強科研行為規範建設意見」

・中国科学院、2007b、「科学理念的宣言」

第7章　オーストラリアにおける研究倫理の保証
——今後の方向性を探る——

マーク・フェルマン（オーストラリア・ノートルダム大学）
訳：杉本　和弘（東北大学）

　オーストラリアには、研究活動における誠実性（research integrity）を管理するための規範として、全国衛生医学研究カウンシル（NHMRC）、豪州研究カウンシル（ARC）、豪州大学協会（UA）が共同作成した「責任ある研究活動のための豪州綱領（Australian Code for the Responsible Conduct of Research）」（以下、豪州綱領）が整備されている。同綱領には、優良事例が示されるとともに、その名称が示唆するように研究活動の中で誠実さを推進するよう設計がなされている。

研究活動における誠実性の重要性
　誠実さが研究活動における強力な文化の礎となるという見方は、広く共有されたものである。豪州綱領は一つの手引書として位置づけられているが（the Code, 2007）、豪州の文脈において同綱領は教育的意義を有することに加え、遵守の対象となる指標でもあると見なされている。同綱領はニュルンベルク綱領（Nuremberg Code）や、国際的に知られる1964年ヘルシンキ宣言（Helsinki Declaration）を直接継承したものである（Townsend, Arnold & Bonython 2013）。こうした研究倫理をめぐる歴史は、世界人権宣言といった他の営みとともに、実験、医学研究、より広くは第二次世界大戦期におけるホロコーストといった事象の結果として生じた人間の権利と尊厳の侵害に深く関係している。
　豪州綱領には、厳格で健全な研究文化が有すべき特質として、誠実さ、正直さ、尊厳、適切な管理責任、責務といった基本原則が規定されている。そしてもちろん、研究不正を管理するメカニズム開発のための

ガバナンスの枠組みも提示されている。

Taylor and Barr（2013）が述べるところによれば、研究の誠実性とは、研究成果のもたらすプラス・マイナス両面の影響の問題として捉えることができる。そこでは、研究不正が実在の人々にマイナスの影響を与え、誠実に実施された研究が実在の人々に重大なプラスの影響を与えることになる事例が紹介されている。研究の誠実性が問題となるのは、研究活動が実際に正負のインパクトを与えるからなのである。

今後立ちはだかる課題

豪州綱領で用いられている言葉は主として、研究活動に携わる組織の文化において優良な取組みや倫理的行動の育成を意図した期待や奨励を示す言葉である。その言葉がまさに示唆するのは、基本的に自己規制が重視された状況にあるということである。規制が存在すると言えるのは、大学や他の研究機関が、豪州の二つの研究資金提供機関、つまりARC や NHMRC から研究資金を受け入れる際に豪州綱領を遵守しなければならないという意味においてなのである。このことは、豪州内で資金提供されたものか否かに関係なく、当該機関が承認して行う関連するすべての研究、さらには豪州在住の研究者が関与して豪州外で実施する研究に適用されるガバナンス体制やモデルであることを意味している。

研究助成のありようが研究者の行動を駆動することはほぼ間違いない。実際にその可能性が高く、時に問題だと見なされる方法で研究者の行動が駆動されてしまっている。Vaux（2013）が指摘するように、政府の政策課題から導かれる要求、職の安定性の喪失、競争や成果を求める圧力の高まりといったことに研究助成が左右されてしまう環境において、問題は研究不正が起こるか否かではなく、研究不正が起こる場合にそれをいかに着実に管理するかということである。こうした態度はすでに見受けられるようになっており、2010-2011 年度の NHMRC 年次報告書には、同時期に豪州研究倫理委員会（ARIC）に 4 件の申請（refferal）がなされたことが報告されている。同報告書からの引用は以下の通りである。

第 7 章　オーストラリアにおける研究倫理の保証

　ARIC は、同報告期間に 4 件の申請を受理した。そのうち 3 件は
ARIC の所掌外だと見なされた。1 件の申請が受理され、ARIC がそ
れについて審査を行った。審査結果は以下の通りまとめることがで
きる。

　不正の摘発は、NHMRC が助成を行った研究に関連して行われた
ものであり、10 件の申し立てが含まれていた。ARIC は各申し立て
について精査し、9 件の申し立てが根拠のないものであることが明ら
かになったが、他方で ARIC は研究成果を通知する書簡には数々の
瑕疵があるという見解を有するに至った。

　上記事例は、自己規制を旨とする環境がある程度奏功し、透明性も発
揮できていることを示すものである。ただ、批判めいたことを口にする
人々は、この情報から研究不正の問題の範囲を見定めるのは難しいと主
張するかもしれない。
　豪州をはじめ各国において、研究不正の管理、リスク軽減、誠実性文
化の促進と保護に関する最善の方法をめぐって活発な議論が展開されて
きている。Anderson（2013）が明確に述べるように、課題は責任の共有化
を明瞭に示すものである。すなわち、研究セクターとの協議を通じて策
定された綱領は、関係するステークホルダーに一般原則とマネジメント
要件のパラメーターを設定するものである。ここに含まれるのは、研究
不正に関する申し立ての調査手続き、アドバイザーの役割、手続き上の
公平性要件、外的プロセス手段の重要性、研究機関や同機関リーダーの
責任等である。
　こうした考え方に関する潜在的な弱点は、NHMRC の取組みが研究者
個人や研究機関が問題だと考える懸念や申し立てに依存してしまってい
るということである。Anderson（2013）が述べるように、申し立ての処理
を行う方法には既存の選択肢が幅広く存在し、研究機関が関係する研究
者の問題を処理することから、研究不正対策に取り組む国立機関が関与

141

することまでと幅広い。

ARC と NHMRC は 2 年前、より効果的に訴えを処理するための仕掛けとして豪州研究倫理委員会（ARIC）を設置した。ARIC の所掌権限は、告発を調査検討し、HHMRC 及び ARC にその調査結果を報告し、究極的には、必要に応じてこれら研究助成機関から資金提供を受けた研究機関や研究者に制裁を科すことである。同様に、手続き上の公平性を保つ理由から、Anderson（2013）は、研究機関や研究者がオンブズマンのような国レベルの独立した調査機関に委託することの重要性も指摘している。Anderson はまた、豪州綱領が予防と遵守の間で均衡を図ろうと努めているという見方も強調する。この均衡を維持することは、現実世界が複雑に動く中では難しいことが少なくない。筆者は Anderson と意見を同じくしており、外発的な押し付けに依存し過ぎることなく、関係者間で責任を共有するという文化のほうが好ましいと考える。ただ、このことは、研究機関側において研究活動の誠実性の重要性に関する教育に実際的で持続的な投資が必要になることを意味してもいる。

他方、Vaux（2013）の見解は、研究倫理室（ORI）やオンブズマン制度といった形態による強力で独立性の高い監督こそが、研究倫理の遵守を確かなものにする一連の取組みに向けた重要な一歩になるというものである。例えば Vaux は、ガン研究論文で提示された知見が高い比率で再現できなかったとするバイオテクノロジー企業 Amgen の報告を報じた学術誌ネーチャーの解説にその証左を見出している。つまり、かかる状況下において、再現性の欠落と研究不正には関連性があると主張するのである。

ケーススタディ：DZ13 ガン臨床試験

おそらく上述してきた諸課題について、そのいくつかを説明するのに最も良い方法は実例に基づいて説明することだろう。豪州では 2013 年 8 月、予備的実験結果の信憑性をめぐって疑問が呈され、その結果、実験的抗ガン剤の臨床試験が停止されるという事態が起こった。臨床試験は

ニューサウスウェールズ大学（UNSW）の支援の下で実施されたもので
ある。研究結果の公表は、報告内容の誤りについて申し立てがあったの
を受けて撤回されるに至っている（Townsend, Arnold & Bonython, 2013）。
ウォルター・エルザ医学研究所所属の研究者 David Vaux は、「二つの異な
る条件を描出するのに同じデータが用いられており、画像の複製もしく
は修正がある」（Scott 2013）との報告を行っている。Vaux は、2010 年に
Journal of Biological Chemistry 誌に発表された論文において同様の課題を
明らかにしていた。この事例では、誤りが本物であることを認めた著者
らによって論文が撤回されている。

　このガン臨床試験の事例では、同研究プロジェクトに直接関与した他
の研究者が早くから懸念を表明していたことがわかっている。懸案の抗
ガン剤の臨床試験は、2013 年 11 月現在、Vaux らによる申し立てをめぐる
調査が実施されている間、一時中断されている。

今後の方向性

　上述のケーススタディはいくつかの点で象徴的である。第一に示唆さ
れるのは、研究上の不正行為に関する調査が厳格で透明性あるプロセス
を必要とするという点である。第二に、透明性及び独立性を保つ上で、
調査プロセスには研究倫理室といった独立組織が必要となるという点で
ある。不正疑惑が厳格に且つ公平に調査されるよう ARIC に職務権限が
与えられれば、ARIC が上記の役割を担うことが可能なことはほぼ間違い
ない。こうした役割には、案件や結果について公的に報告を行うことも
含まれる必要がある。

　十分な資金が提供され、適正な権限が付与されれば、ARIC は次のこ
とが実施可能になる。すなわち、研究不正申し立てに対する研究機関の
マネジメントについての助言や監視、内部告発者への支援提供、研究不
正に関するデータ・リポジトリーとしての機能、NHMRC 及び ARC が資
金提供を行った研究プロジェクトはもちろん、ガイドライン違反と認め
られたあらゆる研究成果に対する権限行使、不服申し立ての手段提供と

いったことである（Vaux 2013）。

　豪州で行われている研究活動は、かなりの部分が公的な資金提供を受けて実施されている。納税者は研究活動に投じられる公的投資に対して高い説明責任を求める権利を有しており、他方で、政府や研究セクター全体は研究成果を発表し、その便益やインパクトが評価・推進されるようにする責任を有している。しかし、まさに Vaux が述べたような権限を有する組織体を欠いていては、研究者コミュニティは研究上の誠実性やとりわけ科学の真実性に対する一般社会の変わりやすい信頼の影響に晒され続けることになるだろう。

　それに加えて、人間研究倫理委員会（HREC）は、被験者が参加する研究で生じるリスクについて十分な情報を得て意思決定を行う上で、研究者の誠実さに頼っているにすぎない。同様に、被験者が研究参加に同意するか否かについて十分な情報を踏まえて意思決定を行う上で、被験者もまた研究者の誠実さに頼らざるを得ない。その意味で、ARIC が調査を監視できる厳格な権限を備えることになれば、HREC や研究参加者に信頼を与えることできるかもしれない。

　先に述べた通り、責任を分担することの重要性を説いた Anderson の見解には一理あるものの、それだけではおそらく不十分である。しかし、Anderson が責任を前面に出して重視していることが解決策の一つとして重要なことは確かである。ARIC の強化策は、（予防と遵守から立式される）方程式における法令遵守の側面に対応するのにはいくらか助けになる。ただそれと同じくらい重要なのは、誠実さが活発に発揮され、それによって不正が生じる可能性を低減させるような文化を構築する効果的な戦略が我々には求められているという点である。かかる文化が強化されることで、主体的に責任を担おうという態度が醸成されるというのが筆者の見方である。

　このためには、研究ガバナンスの枠組みを、制度として展開し実施に移すことが必要になる。かかる枠組みが機能することで、手続き上、すべての研究活動が適切に「管理され」ることが可能になる。この点で、関連す

第7章 オーストラリアにおける研究倫理の保証

る種々のプロセスに関して近年重要な展開が見られたのは、NHMRC に
よって 2011 年に刊行された『研究ガバナンス・ハンドブック—単一の倫
理評価に向けた国家アプローチのための助言』(*Research Governance Hand-
book : Guidance for the national approach to single ethical review*) である。同ハ
ンドブックは、豪州の研究セクターとの徹底した協議を経て作成された
もので、医学研究に明確な焦点が当てられているものの、それにとどま
らない広範な応用可能性を有してもいる。同ハンドブックは導入部分で
次のように述べる。

> 研究ガバナンスとは……研究活動への参加者、研究の安全性と
> 質、プライバシーと機密保持、財政上の誠実さ、法的・規制事項、
> リスク・マネジメント、モニタリング体制に対応し、優良な研究文化
> とその実践を促進することである。

複数のセンターの下で実施される人間を対象とした研究プロジェクト
を背景に、同ハンドブックは、機関レベルにおける研究ガバナンス枠組
みを、プロジェクトにおける 4 つのライフサイクル、すなわちプロジェク
トの「設計」「遂行許可」「実施」「とりまとめ」に整理している。さらに
同サイクルの各段階は責任事項と関連活動に分けられている。ここでの
主たるアクターは、機関のアドミニストレーター、主幹研究者、関連専
門家、HREC となっている。筆者の見方では、同ハンドブックは、豪州
における研究ガバナンスにとって中心的な責任事項と関連活動の実践の
具体化にとどまらない意義を有している。それは、政府の側に、さらに
おそらくある程度は研究セクターの側にも、誠実さを伴った研究活動を
象徴する原則と実践における最優良事例について国が取るべきアプロー
チを明らかにし、自らが引き受けるように要求している。筆者の考えで
は、同ハンドブックは既存の豪州綱領にとって格好の補足物として機能
し、研究セクターがガバナンス枠組みにおいて優良事例をもっとも理解
するためにどうすべきかを示すものである。

管見の限り、同ハンドブックはさして重要な注目を集めておらず、NHMRC
による推進もこれまでのところ控えめなものにとどまっている。大学セク
ターの関係者からは、明らかに大学制度の起源だと考えられている運営
業務に対する過度な政府干渉の事例だと捉えられてしまっていること
が、その理由かもしれない。しかし、これはおそらく、法令遵守を強調
することにとどまらず、教育的アプローチの重要性を前面に出そうとい
う取組みの中で、研究ガバナンスの複雑な環境との折り合いをつけよう
とする好事例だといってよい。

　高度な研究倫理文化が普及する上で主たる取組みとなるのは、真の責
任感を教え込むための研究指導を適切に支援することである。典型的に
は、かかる指導には、研究遂行の取組みに加え、研究支援の取組みも含
まれることになる。その他の関係者もまたそうした文化を推進するのに
一定の役割を担っている。例えば出版社は、研究出版物における信頼性
の水準を確保する必要がある。さらに、公私いずれの研究資金提供機関
も、研究費申請においては高いレベルの審査を維持する必要があるし、
個々の研究者は研究活動で明らかにされた知見を公表したり、それを用
いてさらなる研究費の獲得を目指したりする場合、研究成果の正確さに
責任をもたなければならない。上記で述べたことすべてが、研究の「支
援」及び「遂行」のいずれにも取り組む人々の側から、主体的に責任を
担うことを示唆し包含するものである。

　将来に備えて「責任を担う」ことの一例としては、オーストラレーシ
ア地域で研究管理に係る頂上団体、オーストラレーシア研究管理協会
（ARMS）の後援を受けて、専門能力開発モジュールを開発し認証を受け
ることである。ARMS は、豪州、ニュージーランド、東南アジアにおけ
る大学・研究機関・官庁・民間団体の 1,500 名以上を会員にもつ組織であ
る。ARMS は 2013 年、研究管理専門職について基礎レベルと上級レベル
のスキル・知識を提供する認証プログラムを導入した。一連のモジュー
ルには研究倫理に関するモジュールも含まれている。このプログラム
は、研究倫理に関する基本原則の理解と、諸機関において研究倫理文化

第 7 章　オーストラリアにおける研究倫理の保証

を構築する上で役割を担う研究アドミニストレーターのスキルの理解を
提供するために設計されている。こうした展開は、研究活動で誠実性を
維持するために設計されたガバナンス枠組み構築においてスキル開発の
価値の認識に向けた重要な一歩を示すものだと言える。

　ここで認識すべきは、今後取り組むべき課題と解決策が、研究が実施
される環境がさらに国際化するのを反映して、ますます複雑化している
ということである。しかし、上述の ARMS 専門能力開発プログラムのよ
うな取組みによって示されているように、そうした機会も現在では今後
の方向性を示すものとなっていることである。本稿では、さらに調査研
究を必要とする解決方策には、より強力な権限を有する ARIC の存在、
研究ガバナンス枠組みへの制度的投資の増大、研究における誠実性の重
要性に関して研究者を教育するという強力な文化充実のさらなる重視が
含まれることを論じてきた。こうした取組みのすべてが、明確に公共の
利益を背景に、誠実な研究活動に優良な実践を追求するために重要なの
である。

【参考文献】

・The Australian Code for the Responsible Conduct of Research, 2007,
　http://www.nhmrc.gov.au/_files_nhmrc/publications/attachments/r39.pdf
・Coldahm, I., 2013, Fraud and trouble with replication are chemistry's problems too,
　http://theconversation.com/fraud-and-trouble-with-replication-are-chemistrys-problems-
　too-13814
・Scott, S., 2013, Allegations of research misconduct around breakthrough cancer findings,
　http://www.abc.net.au/news/2013-08-12/allegations-of-research-misconduct-around/
　4882036
・Townsend, R., Arnold, B. B. & Bonython, W., 2013, What Australia should do to ensure
　research integrity, *The Conversation*,
　http://theconversation.com/what-australia-should-do-to-ensure-research-integrity-17091
・Vaux, D., 2013, From fraud to fair play : Australia must support research integrity,

http://theconversation.com/from-fraud-to-fair-play-australia-must-support-research-integrity-15733

· Research Governance Handbook : Guidance for the national approach to single ethical review, 2011,

http://hrep.nhmrc.gov.au/_uploads/files/research_governance_handbook.pdf

オーストラリアにおける研究倫理をめぐる取り組み動向
——フェルマン論稿に寄せ——

杉本　和弘（東北大学）

マーク・フェルマン博士は現在、ノートルダム大学研究推進室（Research Office）の長として、同大学の研究活動全般に対するマネジメントや大学院生の研究活動を支援する立場にある。

我が国の研究大学においても近年、文部科学省が主導してリサーチ・アドミニストレーター（URA）の育成・配置が進められているが[1]、オーストラリアではすでに多くの大学に研究推進を専門的に担う部署と人材が整備されている。フェルマン論稿でも触れられているように、オセアニア地域にはそうした専門家らの職能団体として Australasian Research Management Society（ARMS）が 1999 年に設置されており、フェルマン博士もそのメンバーとして活躍している。ARMS は近年、研究マネジメント人材育成に力を入れており、今後の専門性認証制度（accreditation）の導入を見据え、職能開発プログラムのモジュール開発を進めている。これまでの OJT を中心とした開発から、より体系的なプログラムによる専門人材の育成へと歩みを始めている。

こうした取組みが進む一方、すでにオーストラリアの8つの研究大学で構成される Group of Eight（Go8）は、研究活動を率いて生産的な成果を上げることのできる研究リーダー育成プログラムを展開している。この Future Research Leaders Program（FRLP）は8つのモジュールから構成されるプログラムであり[2]、オンライン学習とワークショップからなるブレンディッド・ラーニングが採用され、各加盟大学がそれぞれの文脈に即した形で提供を行っている。研究活動の質や倫理をめぐる専門性の向上はオーストラリアの大学にとっても喫緊の課題である。

さて、オーストラリアにおける研究倫理に関しては、2007 年に二つの

研究助成機関、国家健康医学研究カウンシル（NHMRC）と豪州研究カウンシル（ARC）の共同で「責任ある研究遂行のための全豪行動指針」（Australian Code for the Responsible Conduct of Research）が策定されている。また、同年に「人間を対象とした研究の倫理行動に関する全国声明（National Statement on Ethical Conduct in Human Research）」も策定されている。フェルマン論稿が指摘する通り、こうした指針について、その運用をめぐる議論の焦点は、研究倫理に対して研究者やそのコミュニティの自律的な取組み（同論稿では self-regulation と表現）にどこまで期待できるかという点にある。

　オーストラリアでは 2011 年に全豪研究倫理委員会（ARIC）が活動を開始し、研究不正に関する申立てのためのシステム整備が進められている。そうした取組みの意義は認めつつも、同時にフェルマン博士が強調するのは、外的環境・装置の整備によってのみ研究倫理に対する責任が果たせるわけではないということである。そもそもオーストラリアの研究者における研究倫理に対する意識は、特に非医学系（人文・社会科学系）の研究者においてさほど高くないことが指摘されていることを踏まえれば [3]、不正行為の摘発を促すだけでは不十分である。その意味で、研究活動をめぐるマネジメントやガバナンスの専門性を高める営為や、先述の研究専門人材の育成の重要性を指摘するフェルマン博士の主張は要を得ている。

　なお、本論考に関連して、2013 年 10 月、東北大学高等教育開発推進センター（現高度教養教育・学生支援機構）においてフェルマン博士を講師に迎え、「オーストラリアにおける研究倫理政策と実践―今後の展望を探る」を開催した。この講演内容は以下の URL にて視聴可能である。本論考とともにぜひ参考にしていただきたい。

　http://www.cpd.he.tohoku.ac.jp/PDPonline/video.jsp?tag=m04&part=1

【注】
　1）文科省は平成 23 年度から「リサーチ・アドミニストレーターを育成・確保する

システムの整備」を進め、研究企画立案、研究資金の調達・管理、知財の管理・活用等を担う専門人材の育成を推進している。リサーチ・アドミニストレーターの研修・教育プログラムの整備・運用と、全国URAネットワークの構築が進められている．

2） 8つのモジュールは、① Research Strategy and Planning、② Commencement and Collaboration : putting ideas into practice、③ Governance and Compliance: protecting yourself, your research and your University、④ Intellectual Property and Commercialisation、⑤ Financial, Resource and Risk Management、⑥ Grant and Contract Administration、⑦ Managing and Leading People in a Research Context、⑧ Project Closeout で構成される．研究倫理や研究不正についてはモジュール3で扱われている．

3） Crowden, A.（2010）, Researcher engagement and research integrity in Australia, *Australian Universities' Review*, 52（2）, pp.64-65.

第8章　全国調査から見る日本の学問的誠実性

羽田　貴史（東北大学）・立石　慎治（国立教育政策研究所）

1.　研究の背景

1-1.　続発する研究不正

近年の日本の学術界において重要なトピックの一つは、研究不正問題である。2010年代に限っても、2011年のノバルティス社ディオバン（高血圧治療薬）・京都府立大学ほか5大学論文不正事件、2012年の東京大学分子細胞生物学研究所の論文不正、東邦大学医師大量捏造論文事件、東京大学医学部特任研究員業績捏造事件、明治大学経営学部教授盗用論文事件、2013年のアルツハイマー J-ADNI データ改ざん疑惑事件、2014年の理化学研究所における刺激惹起性多能性獲得（STAP）細胞事件（データ偽造）、武田薬品 CASE-J（高血圧治療薬）事件（利益相反、不適切な関与）など、新聞報道だけでも35件の研究不正（もしくは疑惑）が発生している。松澤（2014）は、PubMed の論文取り下げの発生率を分析し、2000年から2010年までの間に、世界全体の取り下げ数は788件（内容の誤りが545件、不正が197件、論文数の平均0.003％）であり、日本の発生率は0.005％で、インド（0.018％）中国（0.011％）韓国（0.009％）に次いで高いことを明らかにしている。日本は「研究不正大国」と言われかねない。

1-2.　国際的な研究倫理の動向との乖離

日本における事件の処理プロセスには、国際的に形成されつつある研究倫理の処理原則や責任ある研究行為の視点（第1章参照）から見ると逸脱が見受けられる。具体的な事例を次に示す。

①　共同研究における責任の不明確さ

STAP 細胞事件においては、疑義が提起されて以降、主要執筆者間で意見が対立し、共著論文であるにもかかわらず個別に態度決定がなされ、混乱を極めた。2013 年のモントリオール声明は、「第 12 項　役割と責任：共同研究者は研究計画の策定、実行、普及におけるその役割と責任について、相互に理解すべきである。こうした理解は役割や責任が変われば再度取り決めるべきである」と述べており、共同研究においては、役割分担が明記され、公式に説明する責任を明確化することが求められる（Steneck 2004 = 2005、日本学術振興会「科学の健全な発展のために」編集委員会 2014 : 75-7)。しかし、当該事件に関わる研究者集団の行動は、こうしたルールに沿ったものではなく、報道その他からの問題指摘もなかった。

②　守られない調査段階における匿名性と守秘義務

STAP 細胞事件の場合でも、疑惑が寄せられると同時に、調査に先行してメディアが推測を報道し、データの真偽に関連のないプライバシー情報すら流布された。アメリカ研究公正局が扱う事例でも、半分は不正行為には該当せず、調査が進むまでは告発者も被告発者も匿名性が維持されるのと対照的である。2014 年 8 月 26 日文部科学大臣裁定「研究活動の不正行為への対応のガイドラインについて」では、告発者・被告発者の取扱いについて、秘密保持の徹底を求めている[1]。不確実な段階の報道は、日本の研究の信頼性を損なうことが自覚されていない。

③　保護されないホイッスル・ブロワー

J-ADNI の場合は、『朝日新聞』報道によると、データチェックの責任者から送られた告発メール（2013 年 11 月 18 日）を、厚生労働省がプロジェクトの責任者に転送した。告発者の保護という重要な原則が責任官庁で全く理解されていなかったことが露呈している。分子生物学会による取り組みでも、告発者自身が不利益を被ったケースも報告されている

（日本分子生物学会第 36 回年会・理事会企画フォーラム 2013）[2]。

④　狭い研究不正の定義

国際的に研究不正の問題は、捏造、改ざん、盗用（fabrication, falsification, or plagiarism、いわゆる FFP）という古典的な定義から拡大し、「責任ある研究行為」の遵守を明確にし、これに反する「逸脱した研究行為」や「疑わしい研究行為」の防止と是正を課題とする方向に移行している。研究不正を捏造、改ざん、盗用に限定するのでは、もはや対処できないのである。例えば、東京大学医学部特任研究員業績捏造事件の場合は、不正に関与しなかったが、共著者であった東京医科歯科大学教授に対し、内容の検証を行わず共著者となったことで停職 2 か月の処分が行われた（東京医科歯科大学「M 氏と本学の教員との共著論文に関する調査委員会」2012）[3]。理由は、「本学の名誉を著しく損ねたもの」とされているが、実質は不適切なオーサーシップの行使である。また、共同研究者である東京大学助教には、「不正行為を看過した責任」があるとし、停職 1 か月の処分が行われている（東京大学 2013）。現実に研究不正に関する処分は、古典的 FFP の範囲を超えて行われているのである。

⑤　研究不正の挙証責任

東京大学による J-ADNI 試験への調査結果は、データの修正等は悪意による改ざんと断定せず、不適切な担当者による不適切な修正と結論付けている（東京大学 2014）[4]。STAP 細胞事件の主任研究員の博士学位論文の調査結果は、著作権侵害など多くの問題個所を認め、「合格に値しない」とまで述べながら、問題個所は過失によるもので、早稲田大学学位規則が取り消し要件とする「不正の方法により学位の授与を受けた事実」はなく、学位取り消しはできないと結論していた（早稲田大学・大学院先進理工学研究科における博士学位論文に関する調査委員会 2014）。多くの問題が指摘されながら、なぜ不正と断定できないかは、挙証責任の問題がかかわっていると思われる。米国連邦規則（NSF's Regulation on Research

Misconduct ; 45 CFR §689）は、「研究不正は、単なる誤り（honest error）や意見の相違を含まない」と定め、日本も科学技術・学術審議会研究活動の不正行為に関する特別委員会のガイドライン（2006 年 8 月 8 日）は「故意によるものでないことが根拠をもって明らかにされたものは不正行為には当たらない」と述べていた。同時に、同ガイドラインは、本調査の段階においては被告発者が疑惑を晴らすために科学的根拠で説明することを求め、説明及び証拠によって不正行為の疑いが覆されないときは、不正行為と認定することにしている（IV -3-(3)）。すなわち、本調査段階では、不正でないことの立証責任を被告発者に負わせ、いわば推定有罪の見方をとっているといってよい。また、不正行為か否かの認定は、被告発者の自認を唯一の証拠としない。言い換えれば、本人が不正を否定するだけでは不正行為ではないとは判定されない。この見方は、2014 年 8 月の文部科学大臣裁定ガイドラインでも継続している。

　ところが、不正の認定は懲戒処分に直結し、停職・免職など地位に関わる。この場合、被告発者が異議申し立てをし、裁判で争われることが想定される。裁判では、処分の正当性の挙証責任が機関（告発側）に問われるため、不正行為の調査では、「誤りが故意でないことを被告発者が立証できない限り不正」である判断基準でありながら、司法の場では、「誤りが故意であることを処分側が立証できない限り不正ではない」との判断が働くとの逆転現象が生じる。したがって、研究不正に関する機関の判断は、被告発者と司法の場で争うことを懸念し、完全な挙証責任を果たそうとする志向を生む。被告発者が故意でないことを強く主張し、それを覆す証拠を提示できない場合、不正行為と断定することを避ける志向が発生する。法曹家が関与すれば、リスク回避でこうした志向がさらに強く働く。博士学位論文調査報告書は、こうしたジレンマに満ちた結果の結論と言える。なお、早稲田大学は、調査委員会の結論どおりではなく、研究科長会議の議を経て 2014 年 10 月 6 日付で博士学位の取り消しを決定した（早稲田大学 2014）。正規の調査委員会の結論に基づいて判断できなかったところに、日本の研究倫理への対応力の欠落が表れて

いる。

1-3. 研究と実践の立ち遅れ

前項まで概観してきたとおり、日本における研究倫理は、不正への対応力が問われることも含めて深刻である。その理由には、高等教育における重要テーマでありながら、研究倫理に関する研究が全く欠落してきていること、研究倫理に関する全国レベルの情報と議論の不足があげられる。研究公正局による全国的な研究不正事案の収集と事例の公表を行うアメリカ、国境やセクターを超えた会議を通じたガイドラインの作成・普及が行われているヨーロッパなどと比べて、日本は、研究倫理について議論する全国的な取り組みは皆無に等しい。3回にわたる研究誠実性に関する世界会議の内容すら、ごく一部の関係者にしか知られていない。研究倫理の問題を議論すると、常に分野や研究室の「特性」が主張され、現に異なっていることも事実である[5]。しかし、分野によって捏造や偽造が許されることなどありえない。異なるのは現象形態であり、原理は共通している。過剰な「分野の独自性」信仰が今もなお生き延びることができているのは、ひとえに、全体を鳥瞰する議論が不足しているためと思われる。

議論が不足する理由は、研究不正はセンシティブなトピックであるだけに事例の公表は避けられがちで、結果として、ケーススタディの不足を招くからだと考えられる。ケーススタディから得られる教訓の持つ意味は大きい。たとえば、理化学研究所は、遺伝子スパイ事件（1999）、データ改ざん事件（2004）という二つの事件を経験し、再発防止措置に努めていた。にもかかわらず生じた今回の事件をどう理解すべきなのか。競争的環境の下で台頭する業績第一主義と、責任ある研究を追求する文化の不在は、研究者の行動様式にも影響する構造的な問題として、丹念に整理されるべきであろう。

以上のべたように、日本の研究倫理をめぐる状況把握が立ち後れていることは間違いない。とりわけ、日本の全体状況に関する実態把握とそ

の整理は、責任ある研究を推進する文化を醸成していく上で重要かつ喫緊の課題である。

2. 日本における研究倫理の状況

日本の研究倫理の実態を明らかにすることが持つ価値は、前節で述べてきたとおりである。本節では、科学研究費補助金による「大学における研究倫理に関する調査」で収集したデータを利用して、日本の現状を示す。

2-1. 調査データと分析の概要

調査は、①大学、②研究科・学部、研究所等の部局、③学科・専攻等、④日本学術会議協力学術団体、⑤日本学術会議連携会員を対象とした。大学関係の調査は『全国大学一覧』（平成24年度版）に掲載されている機関が対象である。配付数と回収数については、表1の通り。

調査項目は、①研究倫理として定めている事項、②研究倫理向上の取組の有効性と今後重視する取り組み、③学士課程・大学院教育における啓蒙・教育活動の有効性と今後重視する取り組み、④研究倫理について過去5年間に起きた研究倫理に関する事柄と今後起きうる問題、からなる。なお、各対象にほぼ同一の質問を行い、それぞれの違いを比較可能とした。なお、学会調査及び連携会員調査では、研究不正の概念及び全国的な方策についても尋ねている。

表1 配布数・回収数・回収率

	配布数	回収数	回収率
全学調査	756	218	28.8%
部局調査	1,875	384	20.5%
学科調査	4,025	776	19.3%
学会調査	1,925	497	25.8%
連携会員調査	1,778	529	29.8%

第 8 章　全国調査から見る日本の学問的誠実性

2-2.　分析の方針

分析では、全体の傾向を提示すると同時に、一部の設問については大学分類や専門分野の視点からの分析も行う。大学分類については、天野(1984) の大学類型を用い、「総合大学」―人文科学系、社会科学系、理工系、医歯薬系のうち 3 ないし 4 で博士課程を設置している―にあてはまる大学を"研究大学"、そうでない大学を"非研究大学"と分けた。研究大学が 17.9％（39 大学）、非研究大学が 82.1％（179 大学）であった。専門分野は、博士課程の分野を回答するよう求めた設問を利用した。この設問は学科系統大分類を参考にしているが、一部、教員養成系や総合科学系、専門職系といったように、項目を修正した。なお、一部の専門分野については分析に耐えるサンプルサイズではないため、リコードしている（人文科学系 7.8％, 社会科学系 9.1％、理工農系 18.0％、医歯薬学系9.4％、その他 8.1％、複合 23.7％、博士課程未設置 24.0％）。

2-3.　分析の結果
2-3-1.　研究不正の定義と研究倫理規範の状況

データを詳細に検討していく前に、定義について概観しておこう。研究不正の定義については、学会と学会員の間で意見は割れているのが実態である。学会は「FFP に限定」21.4％、「広げて定義」19.1％、「どちらともいえない」59.5％となっており、明確なスタンスを採ることに消極的である。一方、会員はそれぞれ 39.8％、49.8％、10.6％と比較的拡大して捉える立場が多い。

この傾向は、制定されている倫理規範が影響しているのかもしれない。学会調査の結果によると（図 1）、定めている倫理規範で多く回答が

表 2　研究不正の定義（学会調査、連携会員調査）

	FFP に限定	広げて定義	どちらともいえない
学会	21.4％	19.1％	59.5％
会員	39.8％	49.8％	10.6％

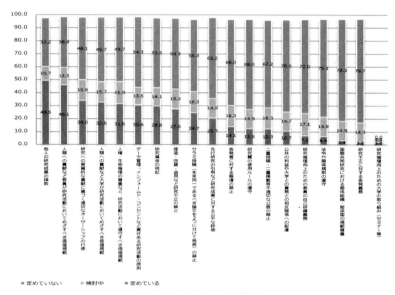

図1 学会で定めている倫理規範

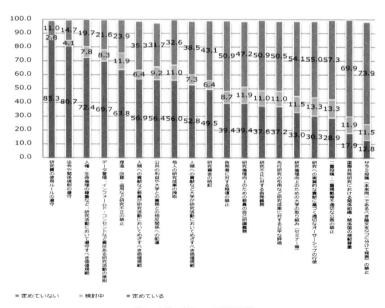

図2 大学で定めている倫理規範

あったものは「他人の研究成果の搾取」、「人類への貢献など教員が研究活動において目指すべき価値規範」など若干抽象的な次元の項目が選択されている。一方、大学調査（図2）からは「研究費の使用ルールの遵守」、「法令や関係規則の遵守」といったプラクティカルな項目に傾斜している様が見て取れる。なお、FFPは64%にとどまる。

　機関の89%が規範を制定している中で（文部科学省2013）、国際的な共通理解となっている規範ですら、日本においては明確に共有されていない。法令遵守等に集中し、機関の規範としても明示されるに至っていない点に問題がある。

2-3-2.　学問的誠実性問題の過去と今後

　全学調査の回答傾向を「少し問題があった」、「問題があった」の計で見てみると、過去、学生のレポートの剽窃等及びインターネットからのコピーペーストの問題があったと認識されている。レポートやコピペといった教育・学習に関する項目以外で、比較的比率が高いのは「研究費の不正使用」で15%程度が選択している。ほかのほとんどの項目では問題はないと回答している（図3）。

　他方で、同一の項目群に対する今後の見通しについては、過去の実態認識とは異なり、全ての項目において今後「問題になる」と過半数が回答している（図は割愛、羽田編2014を参照のこと）。

　教育・学習を除き、研究に関する倫理問題のみに焦点を絞っていくと、興味深いのは、各調査の間にあるずれが見えてくることである。各調査において同様の設問を尋ねているなかで、問題があったと最も回答された選択肢は異なっている。大学並びに部局は「研究費の不正使用」で、学会は「二重投稿・二重掲載」で問題があったと回答している（図3、図4、図5）。論文は学会が取り扱うことが多く、研究費は大学が処理することがほとんどであることを思えば半ば自明であるが、機関内部からは研究費の不正がよく見え、ジャーナル共同体である学会からは論文に関する不正がよく見えることが如実に顕れている。

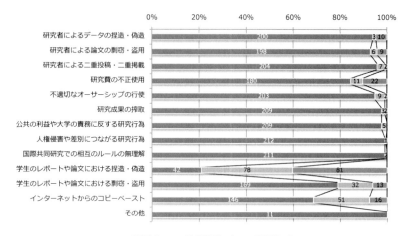

図3 過去の問題状況（全学）

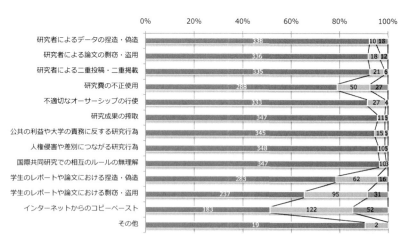

図4 過去の問題状況（部局）

第8章　全国調査から見る日本の学問的誠実性

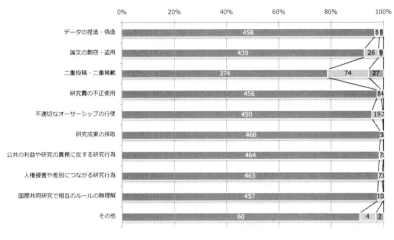

図5　過去の問題状況（学会）

　学問的誠実性に関わる事柄については、様々な要素が相互に影響しあうシステムとして見る視点から捉えたほうが良いのかもしれない。少なくとも、各関係者の個々の取組に着目するだけでは足りない。なぜならば、学問的誠実性に反する事態は様々な領域で起きうるが、大学・部局や学会にはそれぞれ主とするフィールドがあり、他のフィールドで起きる学問的誠実性に反する事態を捉えることが難しいためである。当然のことながら、責任ある研究活動を促すための全ての取組を単一の機関や組織、団体が監督することは不可能である。このデータから具体像を描くことは難しいが、少なくとも各取組主体の連携を考えねばならないことは突きつけられているのではないか。

2-3-3.　機関・分野の多様性の有無

　これらの認識に、機関の多様性は関わりを持つだろうか。大学分類で分けて数値を見ると、研究大学のほうが過去に問題があったと捉えており、今後も起きると見ている。

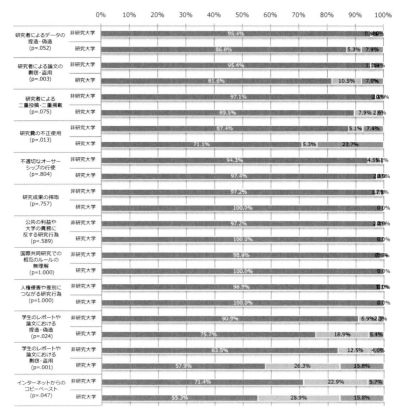

図6 過去の問題状況（大学分類別）

　過去に「問題があった」と回答した割合が高いのは研究大学であり、「研究者による論文の剽窃・盗用」（＋13.9ポイント）、「研究費の不正使用」（＋16.7ポイント）、「学生のレポートや論文における捏造・偽造」（＋15.1ポイント）、「学生のレポートや論文における剽窃・盗用」（＋25.6ポイント）、「インターネットからのコピーペースト」（＋16.1ポイント）で統計的に有意な差（5%水準、以下同基準）が見られた（図6）。

第8章　全国調査から見る日本の学問的誠実性

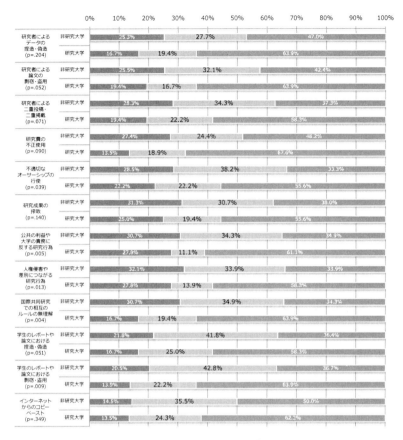

図7　今後の見通し（大学分類別）

　同じく、今後の見通しについても、「不適切なオーサーシップの行使」（＋6.3ポイント）、「公共の利益や大学の責務に反する研究行為」（＋3ポイント）、「人権侵害や差別につながる研究行為」（＋4.4ポイント）、「国際共同研究での相互のルールの無理解」（＋14.1ポイント）、「学生のレポートや論文における剽窃・盗用」（＋6.6ポイント）で統計的に有意な差が見られた（図7）。

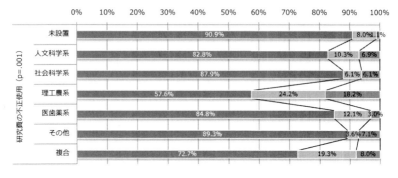

図8　過去の問題状況（部局調査、専門分野別）

　それでは、前節でも触れたとおり、巷間信じられているように専門分野の多様性は本当に倫理問題に影響するのだろうか。信念に反して、調査データからは、専門分野の独自性が影響するという結果は得られていない。部局調査の結果によると、統計的に有意な違いが見られたのは、過去の実態については「研究費の不正使用」のみであった（図8、他の設問については割愛）。「問題があった」、「少し問題があった」と回答した部局の割合は"理工農系"（42.4％）と"複合"（27.3％）で若干高い結果となっている。「データの捏造」、「論文の剽窃」、「二重投稿」、「不適切なオーサーシップ」及び「研究成果の搾取」といった、研究倫理に反する典型例については、それぞれ若干数値が高い分野がないわけではないが、統計的に有意な差ではなかった。

　すなわち、学問的誠実性に反する事態に対して、専門分野の独自性をもって説明することは難しいということである。唯一違いが見られた「研究費の不正使用」に関して"理工農系"で多く見られることも、分野に内在する特性というよりも、当該分野の研究費支給の仕組み、あるいは研究費の支給件数等の構造に着目をすべきなのかもしれない。

2-3-3. 有効な取り組み

それでは、今後のために、現時点でも有効な取り組みが何であるのか に目を転じてみると、全学調査では、研究倫理向上に有効な取り組みと して、規範類の制定（全国レベル、学会、大学）及び人・動物に関する 実験・調査への事前審査、研究者・学生への啓蒙普及活動を挙げるケー スが過半数に上っている（図9）。ただし、有効ではないとする取り組み はほとんどない一方で、そもそもその取り組みを行っていないとの回答 も多い。学問的誠実性にかかる問題への対処が重要だという認識はある 一方で、実際の手当にまでは至っていないのが現状である。

また、大学分類別に見て回答比率に違いが出てくる項目は、「研究倫理 のための広報活動」のみであった。研究大学のほうが取り組んでいる率 が高く、また有効であると回答する率も高いという結果であった。

2-3-4. 啓蒙・教育活動

啓蒙・教育活動について尋ねた10項目の回答傾向を見ていくと、「取 り組みなし」を除けば、学士課程、大学院の双方で「有効である」、「少 し有効である」がほとんどを占めており、有効性は認識されている。た だし、いずれの項目でも「取り組みなし」が最多であり、行っているも のについては有効性を感じているけれども、そもそも手当していないと いう傾向がある。

今後重視するかを尋ねた項目では、いずれも「重視」、「少し重視」と 回答する傾向があり、両選択肢の計で60～90%を占める。

学士課程、大学院の双方で「重視しない」と回答されているのは、「類 似度判定機能ソフト活用の推進」及び「学習・研究倫理に関する正課授 業の開催」となっている。

啓蒙普及活動の有効性は認識されている一方、正課授業が他ほど重視 されない傾向にある。

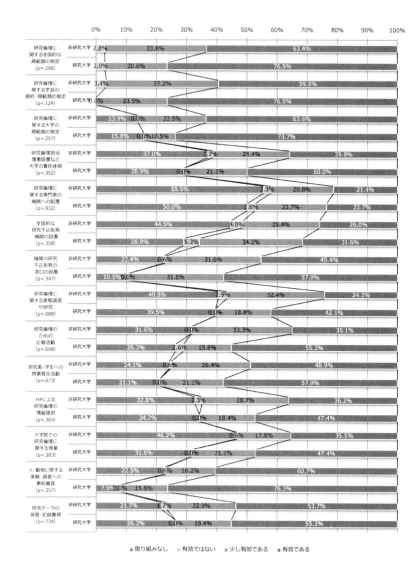

図9 取り組みの有効性認識（全学調査、大学分類別）

第 8 章　全国調査から見る日本の学問的誠実性

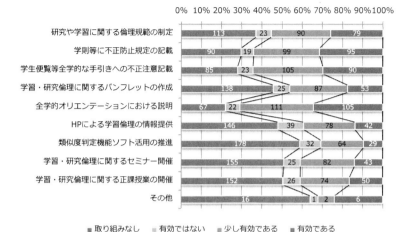

図10　学士課程教育における啓蒙・教育活動の有効性

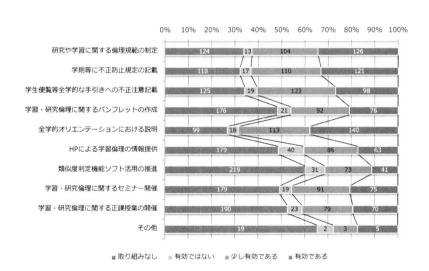

図11　大学院課程教育における啓蒙・教育活動の有効性

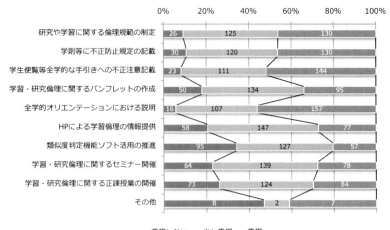

図 12 学士課程教育における啓蒙・教育活動の重視度合い

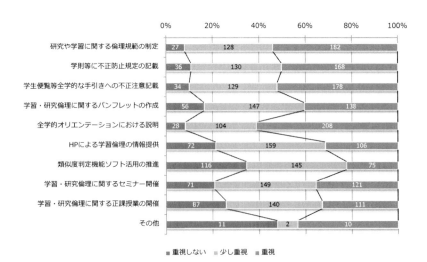

図 13 大学院課程教育における啓蒙・教育活動の重視度合い

3. まとめ

　歴史的な経緯並びにアンケートデータから、日本における学問的誠実性の現状を素描してきた。最後に本章を振り返りつつ、整理し、まとめとしたい。

　日本における学問的誠実性の現状に関して、まず挙げられるのは政策動向への依存が大きい点であろう。日本では、研究費の不正に対する社会的関心の高さを反映してなのか、各研究資金配分機関による研究費の不正使用に関する対応策が手厚いと言ってもいいほどに定められている。しかしながら、責任ある研究を追求する動きは脆弱である。例えば、国立 F 大学においては、研究費管理については取扱規程等、詳細が定められている一方で、FFP については告発規程のみが定められているようなケースが、この状況を端的に表している。

　強調しすぎることはないと思われるのは、制度や仕組みは重要だが整備しただけでは機能しない、ということである。理化学研究所のケースに立ち戻ると、2005 年には監査・コンプライアンス室を設置しており、2009 年以降では研究リーダーのためのコンプライアンスブックの配布、ラボマネジメントブックの配布、管理職研修など、制度の整備のみならず、充実した啓発活動を実施してきている。さらに、当該ケースの関与者である研究ユニットリーダーが大学院課程を修了した早稲田大学においても「学術研究倫理に係るガイドライン」が制定されており、在学以前の 2007 年 4 月 6 日から施行されている（早稲田大学 2007）。つまり、このケースについて見てみれば明らかなように、ただ仕組みを用意しただけでは、学問的誠実性を担保し、責任ある研究活動が奨励されるわけではないのである。

　現状に欠けているものは何であろうか。幾つもの要素が足りていないが、大きなものとして、一つは指導教員（メンター）が果たすべき役割の大きさを再認識することであろう。アンケートデータからも浮き彫りになったように、大学教員の意識の上では学問的誠実性の重要性は実感されているものの、正課授業等で扱うには至っていない。正課で行われな

い現状においては、各研究室・指導教員がどこまでしっかりと指導するかが、その後、指導学生が責任ある研究活動を行えるかを大きく左右してしまうことは想像に難くない。

　仕組みは飽くまで仕組みに過ぎない。研究活動は真空で行われるわけではない。常に人が介在するのであり、研究に従事する人そのものに対するアプローチ——正課における教育や、研究室の指導等——も射程に収める必要がある。適切な仕組みと、その仕組みの中で活動する人の在り方を踏まえ、総体としてどのように責任ある研究活動を促すことができるかを考えるべき時に来ている。

【注】
　1）ガイドラインは、「3－3－② 研究・配分機関は、受付窓口に寄せられた告発の告発者、被告発者、告発内容及び調査内容について、調査結果の公表まで、告発者及び被告発者の意に反して調査関係者以外に漏えいしないよう、関係者の秘密保持を徹底する」と述べている.

　2）なお、「シンガポール声明」は、次のように述べている.

　　11.（告発義務）研究者は、捏造、改ざん、または盗用をはじめとした不正行為が疑われるすべての研究、および、不注意、不適切な著者一覧、矛盾するデータの報告を怠る、または誤解を招く分析法の使用など、研究の信頼性を損なうその他の無責任な研究行為を、関係機関に報告しなければならない.

　　12.（告発者の保護）研究施設、出版誌、専門組織および研究に関与する機関は、不正行為およびその他の無責任な研究行為の申し立てに応じ、善意で当該行動を報告する者を保護する手段を持たなければならない. 不正行為およびその他の無責任な研究行為が確認された場合、研究記録の修正を含め、迅速に適切な措置をとらなければならない.

　3）研究不正に関する被告発者の不正が明らかになり処分が下された場合、実名掲載を継続することは、新たな制裁ともなり、適切とは言えないので、本稿ではすべて略字とする.

　4）東京大学報告書が外部の有識者による更なる調査・検証を希望したことに対応

し、厚生労働省は外部委員会による調査・検証の体制を指示した（平成 26 年 8 月

29 日、科発 0829 第 1 号「J-ADNI 研究に関する外部の委員会による調査・検証に

ついて」）.

5）スタンフォード大学長を長く務めたドナルド・ケネディは、80 年代に研究倫理

に関するセミナーを開催した際の経験として、院生の研究成果を指導教員が無断

で発表した事例を取り上げた時に、生物医学の分野では、ある実験室から出る研

究成果について、主任教授が管理権を持つと知り、驚く一コマがある（Kennedy

1997 = 2008 : 147）. 筆者（羽田）も所属学会で二重投稿禁止の規定作成作業にか

かわった際、二重投稿そのものが倫理的に許されないことは共通でありながら、

発表媒体についての理解の多様性に驚いた経験がある（たとえば、大学の紀要に

発表した論文を学会誌に投稿しても二重投稿ではない云々）. しかし、二重投稿が

禁止される理由が、新たな知の発見を偽ることにあることが理解されると、見解

の相違は収斂した.

【付記】

　本稿は、立石慎治（2014）「第 11 章　全国調査から見る学問的誠実性の動向」（羽

田編『「知識基盤社会におけるアカデミック・インテグリティ保証に関する国際比較

研究」報告書』所収）及び、羽田貴史・立石慎治（2014）「Academic Integrity をめぐ

る世界の動向と日本の課題」（日本教育社会学会第 66 回大会）を基に、加筆修正を

行ったものである。執筆に当たっては、両者で討議・検討を行ったが、1 節は羽田、

2 節は立石が主に執筆し、3 節は立石執筆原稿をもとに、羽田が加筆した。

　本研究で述べられている見解は全て著者らのものであり、著者らの所属機関の意

見を代表するものではない。

【参考文献】

・天野郁夫、1984、「第 4 章　大学分類の方法」慶伊富長編『大学評価の研究』東京

　大学出版会.

・中村征樹、2011、「研究不正への対応を超えて――リサーチ・インテグリティ・アプ

　ローチとその含意」『メタヒュシカ』42 : 31-46.

・菊地重秋、2013、「我が国における重大な研究不正の傾向・特徴を探る」『IL SAGGI-
ATORE』40 : 63-86.

・東京大学、2013、『M 氏による研究活動の不正行為に関する調査報告』
（http://www.u-tokyo.ac.jp/public/public01_250920_j.html, 2014.12.09）

・東京大学、2014、『J-ADNI に関する東京大学による調査について』
（http://www.u-tokyo.ac.jp/public/documents/20140624_03_J-ADNI.pdf., 2014.12.10.）

・東京医科歯科大学「M 氏と本学の教員との共著論文に関する調査委員会」、2012、
『M 氏と本学の教員との共著論文に関する調査委員会報告書』
（http://www.tmd.ac.jp/news-archive/20121228/index.html., 2014.12.09）

・松澤孝明、2014、「諸外国における国家研究公正システム（1）——基本構造モデル
と類型化の考え方」『情報管理』56（10）: 697-711.

・日本学術振興会「科学の健全な発展のために」編集委員会、2014、『暫定版　科学
の健全な発展のために——誠実な科学者の心得』.

・日本分子生物学会、2013、『第 36 回年会・理事会企画フォーラム「研究公正性の確
保のために今何をすべきか？　セッション 1. 研究主宰者や共同研究者が研究公正
性に果たすべき役割」』
（http://www.mbsj.jp/admins/committee/ethics/doc/2013forum/session1_full.pdf,
2014.11.30）

・羽田貴史編、2014、『知識基盤社会におけるアカデミック・インテグリティ保証に関
する国際比較研究』.

・山崎茂明、2002、『科学者の不正行為——捏造・偽造・盗用』丸善出版.

・早稲田大学、2007、『学術研究倫理に係るガイドライン』
（http://www.waseda.jp/rps/ore/jpn/rules/guideline.html, 2014.12.1.）

・早稲田大学、2014、『早稲田大学における博士学位論文の取扱い等について』
（http://www.waseda.jp/jp/news14/141009_dissertation.html., 2014.12.11）

・早稲田大学・大学院先進理工学研究科における博士学位論文に関する調査委員会、
2014、『調査報告書』
（http://www.waseda.jp/jp/news14/data/140717_committee_report.pdf, 2014.12.11）

・Kennedy, Donald, 1997, *Academic Duty,* Harvard University Press.（= 2008、立川明他訳、

『大学の責務』東信堂).

・Mayer, Tony and Steneck, Nicholas, 2012, *Promoting Research Integrity in a Global Environment*, World Scientific.

・Steneck, Nicholas H., 2004, *ORI Introduction to the Responsible Conduct of Research*, Washington DC : Health and Human Services.（= 2005、山崎茂徳訳、『ORI 研究倫理入門——責任ある研究者になるために』丸善株式会社).

おわりに

羽田　貴史（東北大学）

　改めて述べるまでもないが、研究倫理の問題は、本書で取り上げた
テーマに尽きるものではない。社会における科学技術の役割と研究者の
責任、資金提供者への応答責任と社会への責任など原理的な問題から、
不適切な研究行為、不正な研究行為の定義と対応など実践的な定義まで
多岐に亘っており、研究と実践の双方からあるべき姿を求めていく必要
がある。各省庁のガイドライン[1]は、各大学・研究機関の研究不正規律
や研究倫理の推進体制構築に重要な役割を果たすが、研究活動は、研究
者の自律的判断において行われるため、これらのガイドラインに基づく
制度化による規律遵守だけでは、十分な効果を上げることは難しい。研
究及び実践の課題として、次の点を指摘しておきたい。

　第 1 は、研究倫理（科学研究において守るべき価値と行動様式）が問
題となる諸問題の研究であり、研究実践に固有の問題、研究成果の応用
と実践において発生する問題（Mitcham 2005＝2012：674）、及びその前提
となる科学技術のあり方に関する問題とがある。この問題群には、研究
者の専門家倫理も含まれる。過去論じられてきた科学者の社会的責任論
は、「パグウオッシュ会議声明」（1957 年 7 月）に見られるように、核兵
器の開発研究という特定のイシューに端を発していた。今日は、科学技
術が人類社会に貢献する役割と、それ自身の内在リスクをふまえた科学
技術のあり方を模索すべき状況にある（たとえば、松本 2012）。

　また、医師・技術者・弁護士などの専門職には、同業者団体としての
倫理規範が各国において自覚的に形成され、国内の職業資格でも、公認
会計士・公証人などに職業的責任が明示されている（川井 1993）。しか
し、大学教員や研究者において、専門家倫理は明確に制度化されていな

い（羽田 2011：305-6）。これらの課題は、一国レベルで完結するもので
はないが、一方では、国民国家レベルでの資格制度などに包含されてお
り、歴史的研究と比較研究が重要となろう。

　第2は、分野・組織における実体的な規範と研究不正が発生する構造
の解明である。「ハインリッヒの法則」は、1の重大事故の背景に29の軽
微な事故、300の異常が存在するとしている（Heinrich 1980 = 1982：59）。
深刻な不正行為の背景には、多数の不適切な行為や疑わしい行為が存在
し、容認される組織文化があると推測される。近年の研究不正は生命科
学分野で顕著であり、それがどのような背景――研究資金の規模、研究
組織の形態、研究手法――によるか、掘り下げる必要がある[2]。また、
研究不正についての議論の場合、分野や組織によって多様性が主張され
るが、特定の研究集団で成立している規範の多くは暗黙知であり、分野
的特性に基づく倫理とは何かが自明なわけではない[3]。今日の研究倫理
に照らして組み替えていく作業が必要である。

　第3は、国際比較研究の重要性である。研究誠実性に関する世界会議
報告書が述べるように、研究活動そのものは国境や分野を超えた普遍的
なものであり、その知的成果は人類共通の財産としての公共性を持ち、
その応用は国民国家の枠を超え、地球全体に影響をもたらす。特に、研
究倫理の推進には、科学者コミュニティの役割が強調されるが、雇用さ
れた専門家としての研究者の自律性は、大学など研究機関のトップ・リー
ダーによる集権的ガバナンスが強化されることに対応して低下し、国レ
ベルのシステム構築抜きに研究倫理の確保はあり得ない。そのシステム
は、研究費使用の適正化のような財務規律遵守（コンプライアンス）で
はなく、研究者・研究機関・学会・資金配分機関・政府・学術機関が全
体として協調しつつ機能を果たすものであり、研究倫理の内容ととも
に、日本社会に適合的なシステムが何かは、重要な研究課題である。

　第4は、研究不正防止のための実践力を構築するための研究であり、
リスクマネジメントやコンプライアンスなど関連する領域の研究成果を
取り入れて、不正防止の実践的取組を進めることである。そのためには、

おわりに

　まず、研究不正を倫理に欠けた一部の研究者が起こす不祥事としてとらえるのではなく、研究活動の拡大に伴う固有の不確実性（リスク）として把握することが重要であり、不正の発生要因を減少させる取り組みが必要である。

　例えば、リスクマネジメントの分野では、犯罪学の知見に基づき、不正の発生要因を、①動機（不正を誘発するインセンティブと圧力）、②機会（組織構造の複雑性、リスク管理部門の離職率の高さ、統制活動の不十分さ、技術システムの効果不十分）、③不正の正当化（当事者の倫理観やコンプライアンス意識の欠如、基礎集団内の文化規範）と構造化している（Cressy 1972、上田 2014 : 65 より重引）。これらの要因は、階層化され、研究室や研究組織単位で自律性の高い大学等研究機関に妥当する。これらの要因を統制し減少させるマネジメントが必要である。上田（2014）は、リスクコントロールには、マニュアルや法的規制による「ハード・コントロール」（＝コンプライアンス重視型アプローチ）と信頼やネットワークの醸成による「ソフト・コントロール」（＝価値共有型アプローチ）とがあると指摘している。研究倫理でも、コンプライアンスを中心とするマネジメント（ハード・コントロール）と研究倫理教育や院生指導、メンターの活動を通じた研究倫理文化の定着を中心とするマネジメント（ソフト・コントロール）とを統合的に推進することが重要である。

　2000 年代には、三菱自動車リコール隠し（2000 年）、雪印食品牛肉偽装（2002 年）、ライブドア有価証券報告書虚偽記載（2006 年）、ミートホープ牛肉偽装（2007 年）、三菱 UFJ 証券顧客情報流失（2009 年）、阪急阪神ホテル食材偽装（2013 年）など企業不祥事が勃発した。企業の社会的責任（Corporate Social Responsibility）に関するいくつかの研究は、不祥事の原因として、「経営者のコンプライアンスに関する意識やリーダーシップの欠如 68.9％」「暗に不正を助長するような風土、営利・業績第一主義 56.2％」（経済同友会 2006）、「企業の管理（社会の教育不足やコンプライアンス管理の不徹底さ）69％」「経営者の姿勢（倫理観）や経営方針に問題がある 65％」（経済広報センター 2013）を指摘しており、研究機

179

関のリーダー層が研究倫理構築に真摯に取り組むソフト・コントロールの
重要性が示唆される。

　第5に、ケース・スタディの集積と経験の抽出は、個別機関での判断力
を高め不適切な研究行為や疑わしい研究行為を是正し、責任ある研究活
動の推進にとって何より重要である。不正な研究行為か否かは、截然と
区分できるものではなく、研究者が研究者集団の中で判断することが基
本であり、そのための判断材料が共有されなければならない。単純では
あるが、組織や分野の違いを理由に、研究倫理についての対話が不足し
がちな日本の大学・研究機関には、もっとも必要なことである。

【参考文献】

・Cressy, Donald, 1972, *Other People's Money : A Study in the Social Psychology of Embezzlement*,
　Wadsworth Publishing Company.
・Heinrich, W. Herbert Dan Peterson & Nestor R.Roos, 1980, *Industrial Accident Prevention: A
　Safety Management Approach*, 5th, Micgrail-Hill.（＝1982、井上威恭監訳『ハインリッヒ
　産業災害防止論』海文堂出版）.
・Mitcham（edit.）, Carl, 2005, *Encyclopedia of Science, Technology and Ethics*, Gale, Cengage
　Learning.（＝2012、科学・技術・倫理百科事典翻訳編集委員会『科学・技術・倫理
　百科事典』全5巻、丸善出版）.
・羽田貴史、2011、「大学教員の能力をめぐる課題」『名古屋高等教育研究』第11号.
・川井健、1993、『専門家の責任』日本評論社.
・経済同友会、2006、『企業の社会的責任に関する経営者意識調査』.
・経済広報センター、2013、『CSRに関する意識調査報告書』.
・松本三和夫、2012、『知の失敗と社会　科学技術はなぜ社会にとって問題か』岩波
　書店.

※補注

　研究倫理に関し、研究期間中に収集し、本書の各章に紹介した以外の文献を以下
に列挙する。今後の研究の発展に資すれば幸いである。

おわりに

《科学研究の責任、専門性論》

Jonas, Hans, 1979, Das Prinzip Verantwortung : Versuch einer Ethik für die Technologi-sche Zivilisation, Suhrkamp Verlag Gmbh.（＝ 2000、加藤尚武監訳『責任という原理――科学技術文明のための倫理学の試み――』東信堂).

Feenberg, Andrew, 1999, *Questioning Technology,* Routledge.（＝ 2004、直江清隆訳『技術への問い』岩波書店).

Forge, John, 2008, *The Responsible Scientist : A Philosophical Inquiry,* University of Pittsburgh Press.（＝ 2013、佐藤透・渡邉嘉男訳『科学者の責任――哲学的探究――』産業図書株式会社).

Sugrue, Ciaran & Tone Dyrdal Solbrekke（edit.），*Professional Responsibility New Horizons of Praxis,* Routledge.

藤垣裕子、2003、『専門知と公共性　科学技術社会論の構築へ向けて』東京大学出版会.

唐木順三、1980、『「科学者の社会的責任」についての覚書』筑摩書房.

川井健、1993、『専門家の責任』日本評論社.

坂田昌一、2011、『原子力をめぐる科学者の社会的責任』（樫本喜一編）岩波書店.

《倫理一般・総論》

浅見省吾・盛永審一郎編、2013、『教養としての応用倫理学』丸善出版.

Barrow, Robin and Patrick Keeney（edit.），2006, *Academic Ethics,* Ashgate Publishing Limited.

Davis, Michael, 1999, *Ethics and the University,* Routledge.

Hamilton, W.Neil, 2002, *Academic Ethics : Problems and Materials on Professional Conduct and Shared Governance,* American Council on Education and Prager Publishers.

加藤尚武・立花隆監修、2002~2009、『現代社会の倫理を考える』（全 17 巻）、丸善株式会社.

（石井トク著、2007、『看護の倫理学　第2版　現代社会の倫理を考える1』、伊藤道哉、2002、『生命と医療の倫理学　現代社会の倫理を考える2』、田中朋弘、2002、『職業の倫理学　現代社会の倫理を考える6』、内井惣七、2002、『科学の倫理学　現代社会の倫理を考える6』、村田純一、2006、『技術の倫理学　現代社会の倫理を

考える 13』).

Strain, John, Ronald Barnett and Peter Jarvis, 2009, *Universities, Ethics and Professions : Debate and Scrutiny,* Routledge.

《教育における倫理》

Belayneh, Dejen, 2011, *Integrity in Academic Writing : Practical Experiences of Higher Educational Institutions,* LAP LAMBERT Academic Publishing GmbH&Co. KG.

Braxton, M.John, Eve Proper, and Alan E.Bayer, 2011, *Professors Behaving Badly : Faculty Misconduct in Graduate Education,* The Johns Hopkins University Press.

Macfarlane, Bruce, 2004, *Teaching with Integrity : The Ethics of Higher Education Practice,* Routledge.

Moshood, Imran Adesile, 2011, *Academic Integrity : Postgraduate Students towards Academic Integrity,* LAP LAMBERT Academic Publishing GmbH&Co.KG.

Mundt, Lillian, 2010, *Perceptions of Scientific Misconduct Among Graduate Health Students : Perceptions of Scientific Misconduct Among Graduate Allied Heath Students Relative To Ethics Education And Gender,* LAP LAMBERT Academic Publishing GmbH&Co.KG.

Perry JR. G.William, 1999, *Forms of Ethical and Intellectual Development in the College Years : A Scheme,* Jossey-Bass Publishers.

Wangaard, B.David, and Jason M.Stephens, 2011, *Creating a Culture of Academic Integrity : A Toolkit for Secondary Schools,* Search Institute Press.

《研究倫理（分野別含む）》

安藤寿康・安藤典明編、2011、『事例に学ぶ心理学者のための研究倫理　第2版』ナカニシヤ出版．

Bembenista, Irene, 2011, *The Fraud Triagle : A Comparative Analysis of Research Misconduct : Michigan Univerities'Faculty Opinion on Research Misconduct,* LAP LAMBERT Academic Publishing GmbH&Co.KG.

Committee on the Experiences and Challenges of Science and Ethics in the United States and Iran, 2003, *The Experiences and Challenges of Science and Ethics : Proceedings of an American-*

Iranian Workshop, National Academies Press.

D'Angelo, John, 2012, *Ethics in Science: Ethical Misconduct in Scientific Research*, CRC Press.

Ruth Ellen Bulger, Elizabeth Heitman, and Stanley Joel Reiser, 2002, *The Ethical Dimensions of the Biological and Health Sciences*, 2nd, Cambridge University Press.

Flynn, R.Leisa and Ronald E.Goldsmith, 2013, *Case Studies for Ethics in Academic Research in the Social Sciences*, SAGE Publications, Inc.

Fuchs, Michael et al, 2010, Forschungsethik : Eine Einführung, Verlag J.B Metzler. (＝ 2013、松田純訳『科学技術研究の倫理入門』知泉書館).

Israel, Mark and Iain Hay, 2006, *Research Ethics for Social Scientists*, SAGE Publications Ltd.

Lock, Stephen, Frank Wells and MichaelFarthing, 2001, *Fraud and Misconduct in Biomedical Research*, 3rd, BMJ Publishing Group.

Macfarlane, Bruce, 2009, *Researching with Integrity : The Ethics of Academic Enquiry*, Routledge.

National Academy of Sciences, National Academy of Engineering and Institute of Medicine, 1992, *Responsible Science Ensuring the Integrity of the Research Process*, Vol.1, National Academy Press.

National Academy of Sciences, National Academy of Engineering and Institute of Medicine, 1993, *Responsible Science*, Vol.2, National Academy Press.

Nichols-Casebolt, Ann, 2012, *Research Integrity and Responsible Conduct of Research*, Oxford University Press.

新田孝彦・蔵田伸雄・石原孝二、2005、『科学技術倫理を学ぶ人のために』世界思想社.

Oliver, Paul, 2003, *The Student's Guide to Research Ethics*, 2nd, Open University Press.

Steneck, H.Nicholas, 2003, ORI Introduction to the Responsible Conduct of Research. (＝ 2005、山崎茂明訳『ORI 研究倫理入門』丸善株式会社). 注：なお、2007 年 8 月に改訂版が公刊されている。

《臨床研究》

Amdur, J.Robert and Elizabeth A.Bankert, 2007, *Institutional Review Board Member Handbook*, 2nd, Jones and Ballett Publishers, Inc.（＝ 2009、栗原千絵子・斉尾武郎訳『IRB ハンド

ブック　第 2 版』中山書店）.

青木清・町野朔編、2011、『ライフサイエンスと法政策　医科学研究の自由と規制
──研究倫理指針のあり方──』上智大学出版.

樋口範雄編著、2012、『Jurist 増刊　ケース・スタディ　生命倫理と法　第 2 版』有斐
閣.

伊勢田哲治、2008、『動物からの倫理学入門』名古屋大学出版会.

中山健夫・津谷喜一郎編著、2008、『臨床研究と疫学研究のための国際ルール集』ライ
フサイエンス出版.

Pegoraro, Renzo, Giovanni Putoto and Emma Wray, 2007, *Hospital based bioethics : a European
perspective*, Piccin.（= 2011、藤野昭宏監訳『病院倫理入門　医療専門職のための臨床
倫理テキスト』丸善出版）.

笹栗俊之・池松秀之編、2011、『臨床研究のための倫理審査ハンドブック』丸善出版.

玉腰曉子・武藤香織、2011、『医療現場における調査研究倫理ハンドブック』医学書
院.

田代志門、2011、『研究倫理とは何か　臨床医学研究と生命倫理』勁草書房.

《情報化と倫理》

Baase, Sara, 2003, *A Gift or Fire : Social, Legal and the Internet*, 2nd, Pearson Education, Inc.（=
2007、日本情報倫理協会訳『IT 社会の法と倫理〔第 2 版〕』株式会社ピアソン・エ
デュケーション）.

情報教育学研究会（IEC）・情報倫理教育研究グループ編、2014、『インターネットの
光と影　Ver.5』北大路書房.

水谷雅彦、2003、『情報の倫理学　現代社会の倫理を考える 15』丸善出版.

Myers, Regan, 2010, *Academic integrity in the online environment : Computer Information
Science-A Case Study*, UMI Dissertation Publishing.

土屋俊監修、2012、『情報倫理入門』アイ・ケイ・コーポレーション.

Sutherland-Smith, Wendy, 2008, *Plagiarism, the Internet and Student Learning : Improving
Academic Integrity*, Routledge.

おわりに

《若手研究者向け》

Committee on Science, Engineering, and Public Policy, National Academy of Sciences, National Academy of Engineering,and Institute of Medicine, 2009, *On Being a Scientist A Guide to Responsible Conduct in Research*, 3rd. (= 2010、池内了訳『科学者をめざす君たちへ　第 3 版』化学同人).

Grinnell, Frederick, 2009, *Everyday Practice of Science : Where Intuition and Passion Meet Objectivity and Logic*, Oxford University Pressing. (= 2009、白楽ロックビル訳『グリンネルの科学研究の進め方・あり方　科学哲学・新発見の方法・論文の書き方・科学政策・研究者倫理・遺伝病・生命倫理・科学と宗教』共立出版).

科学倫理検討委員会、2007、『科学を志す人びとへ　不正を起こさないために』化学同人.

Rosie, Federico, and Tudor Johnston, 2006, *Survival Skills for Scientists*, Imperial College Press. (= 2008、高橋さきの訳『科学者として生き残る方法』日経 BP 社).

Sindermann, J.Carl, 1982, *Winning the Games Scientists Play*, Basic Books. (= 1987、山崎昶訳『サイエンティストゲーム』学会出版センター).

《技術倫理》

Harris, E.Charles, Jr., Michael S. Pritchard, Michael J.Pabins, 2005, *Engineers Ethics : Concepts and Cases* 3rd, Wadworth, a division of Thomson Learning. (= 2008、日本技術士会訳『第 3 版　科学技術者の倫理　その考え方と事例』丸善株式会社).

小出泰士、2010、『JABEE 対応　技術者倫理入門』丸善出版 .

中村昌允、2012、『技術者倫理とリスクマネジメント』オーム社開発局 .

National Society of Professional Enginieers, 2004, *Opinions of the Board of Ethical Review 1997 thorough 2002 Cases.* (= 2004、日本技術士会訳『続　科学技術者倫理の事例と考察』丸善株式会社).

日本技術士会プロジェクトチーム技術者倫理研究会・NPO 法人科学技術倫理フォーラム編、2009、『技術者倫理　法と倫理のガイドライン』丸善株式会社.

大石敏広、2011、『技術者倫理の現在』勁草書房 .

Whitbeck, Caroline, 2011, *Ethics in Engineering Practice and Research*, 2nd, Cambridge

University Press.

Schinzinger, Roland & Mike W.Martin, 2000, *Introduction to Engineering Ethics*, The Mc Graw-Hill Companies, Inc.（＝ 2005、西原英晃監訳『工学倫理入門』丸善株式会社）.

《その他》

山崎茂明、2013、『科学者の発表倫理　不正のない論文発表を考える』丸善出版.

吉村富美子、2013、『英文ライティング引用の作法　盗用といわれないための英文指導』研究社.

【注】

1）法令・ガイドライン類には次のものがある.

○法令関係

・「ヒトに関するクローン技術等の規制に関する法律」（2000 年 12 月 6 日　法律第 146 号）

・「個人情報の保護に関する法律」（2009 年 6 月 5 日改正　法律第 49 号）

・「薬事法」（2013 年 12 月 13 日改正　法律第 103 号、医薬品販売のための臨床試験を義務付け）

・「医薬品の臨床試験の実施の基準に関する省令」（2008 年 11 月 28 日、厚生労働省令第 163 号）

・「著作権法」（2013 年 12 月 13 日改正　法律第 103 号、剽窃・盗用）

　　なお、虚偽の実績・経歴に基づく研究費の受給や就職は、補助金適正化法違反や公文書偽造（刑法第 155 条）、私文書偽造行使（同第 159 条）、詐欺罪（同第 246 条）に問われる可能性がある.

○指針類

・「人を対象とする医学系研究に関する倫理指針」（2014 年 12 月 22 日、文部科学省・厚生労働省）

・「遺伝子治療臨床研究に関する指針」（2014 年 11 月 25 日一部改正、文部科学省・厚生労働省）

おわりに

- ・「ヒトゲノム・遺伝子解析研究に関する倫理指針」（2014 年 11 月 25 日一部改正、文部科学省・厚生労働省・経済産業省）
- ・「ヒト幹細胞を用いる臨床研究に関する指針」（2013 年 10 月 1 日改正、厚生労働省）
- ・「厚生労働省の所管する実施機関における動物実験等の実施に関する基本指針」（2006 年 6 月 1 日、厚生労働省）
- ・「ヒト受精胚の作成を行う生殖補助医療研究に関する倫理指針」（2008 年 12 月 17 日、文部科学省・厚生労働省告示第 2 号）
- ・「異種移植の実施に伴う公衆衛生上の感染症問題に関する指針」（2000 年 10 月 31 日厚科第 575 号・研発第 21 号）
- ・「遺伝子組換え生物等の使用等の規制による生物の多様性の確保に関する法律」（2014 年 6 月 13 日改正．法律第 67 号）
- ・「ヒト ES 細胞の使用に関する指針」（2014 年 11 月 25 日改正、文部科学省告示第 2 号）
- ・「ヒト iPS 細胞又はヒト組織幹細胞からの生殖細胞の作成を行う研究に関する指針」（同、文部科学省告示第 88 号）
- ・「ヒト ES 細胞の樹立に関する指針」（2014 年 11 月 25 日、文部科学省・厚生労働省告示第 2 号）
- ・「ヒト ES 細胞の分配及び使用に関する指針」（2014 年 11 月 25 日、文部科学省告示第 174 号）

2）近年の研究不正は、生命科学分野で多発しており、理化学研究所の STAP 細胞問題調査委員会委員長が、画像の切り貼りで辞任したことは記憶に新しい（2014 年 4 月 25 日、独立行政法人理化学研究所『『研究論文の疑義に関する調査委員会』の委員長の交代について」、5 月 13 日独立行政法人理化学研究所「元調査委員の研究論文の疑義に関する予備調査結果について」、http://www.riken.jp/pr/topics/2014/．2015.1.16 アクセス）．

3）例えば、「国立大学法人東北大学における公正な研究活動の推進に関する規程」（2013 年 9 月 24 日、規第 100 号）第 6 条は、「部局の長は、当該部局における固有の要因等を勘案した上で、研究活動において守るべき作法及び研究倫理に関

する教育及び啓発の実施に努めるものとする」と定め、東京大学「研究倫理アクションプラン〜高い研究倫理を東京大学の精神風土に〜」(2014 年 3 月) は、「部局、研究分野の特性などに留意した研究データの保存、チェック、公開等研究データの保存に関するルール作りの推進」と述べるが、「固有の要因」によって作法や倫理に相違があるのか説明されていない.

執筆者一覧

羽田　貴史　　　（東北大学高度教養教育・学生支援機構副機構長／教授）
宮田由紀夫　　　（関西学院大学国際学部教授）
五島　敦子　　　（南山大学短期大学部教授）
田中　正弘　　　（弘前大学 21 世紀センター准教授）
藤井　基貴　　　（静岡大学教育学部准教授）
叶　　林　　　　（中国・杭州師範大学副教授）
マーク・フェルマン（オーストラリア・ノートルダム大学）
杉本　和弘　　　（東北大学高度教養教育・学生支援機構准教授）
立石　慎治　　　（国立教育政策研究所研究員）

企画、編集担当　　　羽田　貴史

研究倫理の確立を目指して
──国際動向と日本の課題──
Promoting the Research Integrity in
Cross-national Trends and Challenges
© 東北大学高度教養教育・学生支援機構 2015

2015 年 3 月 31 日　初版第 1 刷発行

編　者　東北大学高度教養教育・学生支援機構
発行者　久道　茂
発行所　東北大学出版会
　　　　〒 980-8577　仙台市青葉区片平 2-1-1
　　　　Tel 022-214-2777　Fax 022-214-2778
　　　　http://www.tups.jp　info@tups.jp

印　刷　カガワ印刷株式会社
　　　　〒 980-0821　仙台市青葉区春日町 1-11
　　　　Tel 022-262-5551

ISBN978-4-86163-259-4　C3037
定価はカバーに表示してあります。
乱丁、落丁はおとりかえします。

高等教育の研究開発と、教育内容及び教育方法の高度化を推進する

高等教育ライブラリ

東北大学高等教育開発推進センター
東北大学高度教養教育・学生支援機構

■高等教育ライブラリ1
教育・学習過程の検証と大学教育改革
2011 年 3 月刊行　A5 判／定価（本体 1,700 円＋税）

■高等教育ライブラリ2
高大接続関係のパラダイム転換と再構築
2011 年 3 月刊行　A5 判／定価（本体 1,700 円＋税）

■高等教育ライブラリ3
東日本大震災と大学教育の使命
2012 年 3 月刊行　A5 判／定価（本体 1,700 円＋税）

■高等教育ライブラリ4
高等学校学習指導要領 vs 大学入試 ── 高等教育の規定要因を探る ──
2012 年 3 月刊行　A5 判／定価（本体 1,700 円＋税）

■高等教育ライブラリ5
植民地時代の文化と教育 ── 朝鮮・台湾と日本 ──
2013 年 3 月刊行　A5 判／定価（本体 1,700 円＋税）

■高等教育ライブラリ6
大学入試と高校現場 ── 進学指導の教育的意義 ──
2013 年 3 月刊行　A5 判／定価（本体 2,000 円＋税）

■高等教育ライブラリ7
大学教員の能力 ── 形成から開発へ ──
2013 年 3 月刊行　A5 判／定価（本体 2,000 円＋税）

■高等教育ライブラリ8
「書く力」を伸ばす ── 高大接続における取組みと課題 ──
2014 年 3 月刊行　A5 判／定価（本体 2,000 円＋税）

■高等教育ライブラリ9
研究倫理の確立を目指して ── 国際動向と日本の課題 ──
2015 年 3 月刊行　A5 判／定価（本体 2,000 円＋税）

東北大学出版会

〒980-8577　仙台市青葉区片平 2-1-1
電話　022-214-2777　FAX　022-214-2778
URL : http://www.tups.jp　E-mail:info@tups.jp

東北大学高等教育開発推進センター編　刊行物一覧

「学びの転換」を楽しむ　— 東北大学基礎ゼミ実践集 —
A4 判／定価（本体 1,400 円＋税）

大学における初年次少人数教育と「学びの転換」
— 特色ある大学教育支援プログラム（特色 GP）東北大学シンポジウム —
A5 判／定価（本体 1,200 円＋税）

研究・教育のシナジーと FD の将来
A5 判／定価（本体 1,000 円＋税）

大学における学生相談・ハラスメント相談・キャリア支援
— 学生相談体制・キャリア支援体制をどう整備・充実させるか —
A5 判／定価（本体 1,400 円＋税）

大学における「学びの転換」とは何か
— 特色ある大学教育支援プログラム（特色 GP）東北大学シンポジウム II —
A5 判／定価（本体 1,000 円＋税）

ファカルティ・ディベロップメントを超えて
— 日本・アメリカ・カナダ・イギリス・オーストラリアの国際比較 —
A5 判／定価（本体 1,600 円＋税）

大学における「学びの転換」と言語・思考・表現
— 特色ある大学教育支援プログラム（特色 GP）東北大学国際シンポジウム —
A5 判／定価（本体 1,600 円＋税）

学生による授業評価の現在
A5 判／定価（本体 2,000 円＋税）

大学における「学びの転換」と学士課程教育の将来
A5 判／定価（本体 1,500 円＋税）